禽蛋产业
现状及消费趋势研究

唐振闯　程广燕　王晓红　著

中国出版集团有限公司

研究出版社

图书在版编目(CIP)数据

禽蛋产业：现状及消费趋势研究/唐振闯，程广燕，王晓红著. — 北京：研究出版社，2023.9
（农业农村产业振兴发展研究）
ISBN 978-7-5199-1472-1

Ⅰ.①禽… Ⅱ.①唐…②程…③王… Ⅲ.①禽蛋－产业发展－研究－中国②禽蛋－消费趋势－研究－中国 Ⅳ.①F762.5

中国国家版本馆CIP数据核字(2023)第068427号

出 品 人：赵卜慧
出版统筹：丁　波
责任编辑：寇颖丹
助理编辑：何雨格

禽蛋产业
QINDAN CHANYE
现状及消费趋势研究

唐振闯　程广燕　王晓红　著

研究出版社 出版发行

（100006　北京市东城区灯市口大街100号华腾商务楼）
北京云浩印刷有限责任公司印刷　新华书店经销
2023年9月第1版　2023年9月第1次印刷
开本：710毫米×1000毫米　1/16　印张：10
字数：84千字
ISBN 978-7-5199-1472-1　定价：49.00元
电话（010）64217619　64217652（发行部）

版权所有·侵权必究
凡购买本社图书，如有印制质量问题，我社负责调换。

《禽蛋产业：现状及消费趋势研究》

编写组成员

王晓红　农业农村部食物与营养发展研究所

程广燕　农业农村部食物与营养发展研究所

唐振闯　农业农村部食物与营养发展研究所

王瑞国　中国农业科学院农业质量标准与检测技术研究所

熊偲皓　农业农村部食物与营养发展研究所

崔国庆　河南省政务大数据中心

曹　兵　山东省滕州市畜牧渔业事业发展中心

前　言

我国是世界上禽蛋生产与消费的第一大国，约占世界禽蛋总产量的40%，人均消费量位居世界前列。我国的禽蛋产品呈现丰富的多样性，包括鸡蛋、鸭蛋、鹅蛋和其他禽蛋。禽蛋产业发展关系到人们的日常消费和健康，也关系到千万养殖户的收入情况，是典型的民生产业。因此，开展我国禽蛋产业现状及未来消费趋势研究，对解决我国食物供给结构不平衡、消费结构不合理的问题具有非常重要的现实意义。改革开放以来，尤其是进入21世纪以来，我国农业发展取得了举世瞩目的成就，特别是动物性食物产量快速增长、质量逐年提高、品种日益丰富。另外，随着我国经济社会的飞速发展，我国城乡居民收入水平也有了很大的提高，居民动物性食物消费水平和消费结构随之产生重大变化。禽蛋作为居民重要的膳食构成和摄入优质蛋白质的重要来源，对人民生活水平的提高和饮食结构的改善发挥着重要作用。国家统计局数据显示，2021年全国禽蛋产量为3409万吨，人均表观消费量约为24.0千克，生产量和消费量均稳居世界第一位。随着居民收入水平的不断提高，消费结构还将持续升级，人们对高蛋白高营养的动物性食物的需求也将不断增加。同时，我国全面建设社会主义现代化进程中的居民饮食结构调整加快，人们对食物的需求由吃饱吃好逐步向追求营养均衡的方向发展，在消费总量相对稳定的基础上，不同种类食物间的替代正在发生重要变化。本书从禽蛋生产、消费、品质、营养等多个角度分析我国禽蛋发展现状和未来供需保障策略，以此为破解农业供给侧结构性改革难题、保障国家食物安全、改善城乡居民膳食结构和提高营养水平提供科学参考。

具体而言，开展我国禽蛋产业现状及未来消费趋势研究具有以下三个方面的意义：一是可为稳定我国食物供给提供重要依据。我国是一个人口和农业大国，用7%的土地养活了20%的世界人口，创造了世界奇迹。保障关乎国计民生农产品的有效供给，仍然是今后我国农业发展的根本方向。保障老百姓吃得饱、吃得健康、吃得安全，是我国农业发展的根本出发点。二是为促进居民营养健康提供科学参考。国民营养与健康状况是反映一个国家或地区经济与社会发展、卫生保健水平和人口素质的重要指标。《中

前 言

国居民营养与慢性病状况报告（2020年）》结果显示，近年来，我国居民膳食营养状况总体改善，但营养不良问题依然存在。当前我国人口多，慢性病对民众的健康威胁日益加重，不仅成为重要的公共卫生问题，而且对经济社会发展带来严重负担。已有研究表明，膳食营养结构不合理是造成高血压、糖尿病、血脂异常等慢性病高发的主要因素，采取合理膳食和营养干预措施可以降低约30%的慢性病发生概率。随着工业化、城镇化、人口老龄化进程加快，我国居民生产生活方式和疾病谱继续变化，不合理膳食导致的慢性病负担日益加重。因此，研究居民动物性食物消费结构变化，对引导居民合理饮食也具有一定的意义。三是为农业绿色发展提供新途径。近些年，我国农业发展虽然取得了显著的成绩，但土壤、水等生态资源环境承载压力越来越大，同时由于居民膳食结构不合理和不良饮食习惯造成的食物浪费严重，在这种新形势下，探讨禽蛋的消费趋势和消费结构，合理规划、统筹布局，为制定最大限度地满足营养需求、最小可能造成环境污染的动物性食物生产布局提供新途径。

目录

第一章

禽蛋的生产情况和产业布局

一、我国禽蛋的生产情况 ………………………… 001

二、禽蛋的主要生产模式 ………………………… 005

第二章

禽蛋的消费与区域特点分析

一、我国禽蛋的消费概况 ………………………… 008

二、我国代表性地区居民禽蛋消费规律 ………… 021

三、代表性国家禽蛋消费规律 …………………… 024

第三章

禽蛋的品质及影响因素分析

一、饲料质量对鸡蛋品质的影响 ………………… 032

二、饲料质量对鸡蛋性状的影响……………………………038

三、饲料质量对鸡蛋风味的影响……………………………045

四、饲料质量对鸡蛋营养强化的影响………………………050

第四章
禽蛋的营养和健康功效分析

一、禽蛋的结构特点…………………………………………056

二、禽蛋的主要营养成分……………………………………058

三、禽蛋的健康功效…………………………………………071

四、禽蛋的合理选择和食用…………………………………076

第五章
高品质禽蛋的发展趋势研究

一、高品质禽蛋发展的背景…………………………………082

二、高品质鸡蛋的发展现状…………………………………086

三、高品质鸡蛋消费调研……………………………………094

四、城镇居民高品质鸡蛋的消费动机………………………105

五、城镇居民高品质鸡蛋消费的影响因素…………………109

六、高品质鸡蛋发展面临的问题与约束……………………123

七、推动高品质鸡蛋产业发展的对策措施…………………126

第六章

中长期禽蛋保障供给研究

一、禽蛋供需保障存在的问题与制约因素 ………… 130

二、禽蛋发展趋势与潜力 ………………………… 132

三、禽蛋发展需求预测分析 ……………………… 135

四、禽蛋供给保障实现路径分析 ………………… 139

五、禽蛋供给保障重点任务分析 ………………… 141

六、禽蛋供给保障措施与政策建议 ……………… 143

第一章

禽蛋的生产情况和产业布局

一、我国禽蛋的生产情况

（一）我国禽蛋产量情况

从禽蛋消费量看，我国居民禽蛋的消费趋势变化可分为两个阶段。第一个阶段是1982—1996年禽蛋产量快速增长期，禽蛋产量从1982年的280.9万吨，增长到1996年的1965.2万吨，年均增长105.3万吨，年均增长率为15.2%。这一阶段禽蛋快速增长的原因是我国改革开放以后，在全国范围内快速实施的家庭联产承包责任制，使畜牧业生产释放出巨大活力，专业户、重点户不断涌现，独立自主的多元市场主体开始形成。1984年，我国开始改革畜产品的流通体制和价格体制，取消统派购制度，绝大多数畜产品可以随行就市，打破了国有企业独家经营的格局。1985—1996年，我国畜牧业经营体制实现了根本转变，畜产品市场和价格逐步放开，主要畜产品生产快速增长，打破了畜产品长期严重短缺的局面。

第二个阶段是1997—2021年禽蛋产量缓慢增长期。禽蛋产量从1997年的1897.1万吨，增长到2021年的3409.0万吨，年均增长60.5万吨，年均增长率为2.3%。其中，2019年后是禽蛋产量的快速增长期。受非洲猪瘟影响，猪肉供给受限，禽蛋的替代作用凸显。禽蛋消费总量从2019年的2898.9万吨快速增长到2021年的3409.0万吨，2019年和2020年禽蛋年度增长量分别为180.7万吨、158.8万吨。

这一阶段禽蛋产量呈阶段性波动、整体缓慢增长的趋势。产生这种趋势的主要原因有以下两个方面：一是虽然随着我国畜禽养殖业整体综合生产力的提高，肉类及肉制品供给不断增加，居民的膳食结构趋于稳定，但一方面禽流感突发，养殖规模缩减，鸡蛋产量下降，另一方面，居民出于对食品安全的担忧减少了鸡蛋消费。二是禽蛋产量呈阶段性波动的原因主要是受禽流感、非洲猪瘟等重大事件的影响，禽蛋的产量短期内出现大幅减少或增长的状况。比如2013—2014年，受禽流感的影响，鸡蛋消费量急剧下滑，鸡蛋价格大幅下跌，从而引起家禽产业链上的产品价格下挫，禽蛋产量下降。此外，由于补栏减少，以及大规模扑杀，蛋禽存栏量一路下滑，禽类养殖规模萎缩，禽蛋产量短期内进一步下降。特别是2019年非洲猪瘟来袭，导致猪肉产量急剧下降，猪肉消费从之前的63%占比，逐步下降至57%~58%水平，该部分市场主要由禽肉、水产、牛羊肉甚至鸡蛋替代。鸡蛋价格低，虽然口感上与肉类存在明显差异，但巨大的价差且同属食品蛋白，使鸡蛋大量替代猪肉消费，进而使2019年和2020年禽蛋年增长量均超过了150万吨（见图1-1、图1-2）。

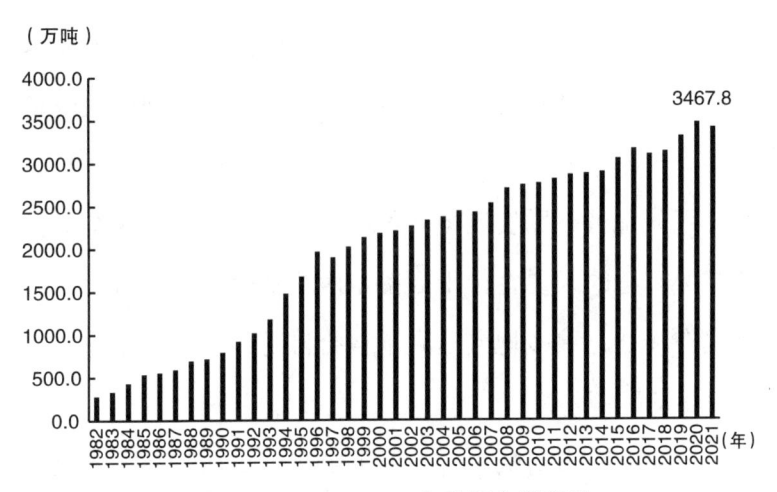

图1-1　1982—2021年我国禽蛋产量

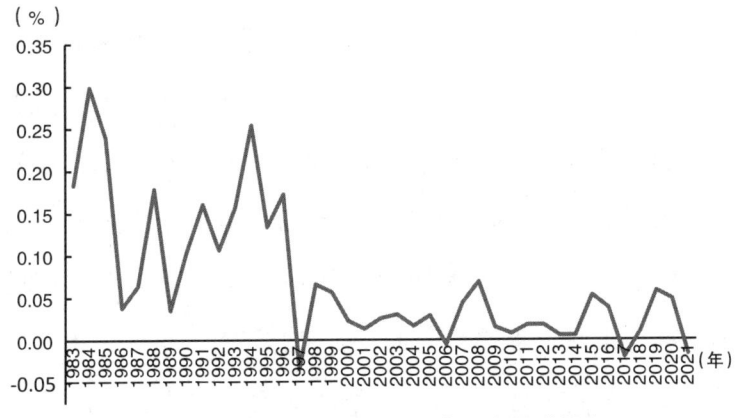

图1-2　1982—2021年我国禽蛋产量增长率

（二）中国禽蛋产业布局情况

2005年以前，我国蛋鸡的主产区在河北、山东、河南、四川以及辽宁、江苏等省份，是蛋鸡产业的主要聚集区。从鸡蛋的消费特点来看，鸡蛋消费主要是以鲜蛋为主。北方的鸡蛋往南方运，由于运输时间较长、运输成本较高，产品保鲜难度加大，再加上地方政府鼓励群众脱贫致富，多选择投资小、一家一户或几家联合可进行的项目，部分地区鼓励发展蛋鸡养殖业，因此蛋鸡产区有南移的趋势。总的来说，由于西南、西北及两广地区蛋鸡的数量也在增加，很多地方达到了自给自足，北蛋南输的局面正在逐渐改变。

目前，我国禽蛋生产主要集中在山东、河南、河北、辽宁、江苏、四川、湖北、安徽、黑龙江、吉林等十个省。2011—2020年我国禽蛋主产省排名变化如表1-1所示。市场区域集中于东北和华北地区，形成了五大鸡蛋消费市场：其中一类市场为天津、北京、辽宁和上海，年人均消费量为11～16千克。二类市场为山东、黑龙江、江苏、安徽和河北，年人均消费量为7～11千克。三类市场为吉林、山西、福建、广东、浙江、河南、重庆，年人均消费量为5～7千克。四类市场为湖北、内蒙古、陕西、四川、江西、青海、宁夏、新疆、湖南、云南、广西、甘肃、海南及贵州，年人均消费量为2～5千克。五类市场为西藏，年人均消费量仅为1.35千克。由此可以看出，越是经济发达的地区鸡蛋消费量越高，其中江苏、浙江经济水平并不低，但居民消费了大量的鸭蛋、鹅蛋，对鸡蛋的消费量相对较低。

表1-1 2011—2020年我国禽蛋主产省排名变化

排名	2011年	2012年	2013年	2014年	2015年	2016年	2017年	2018年	2019年	2020年
1	山东	河南	河南	河南	山东	山东	山东	山东	山东	山东
2	河南	山东	山东	山东	河南	河南	河南	河南	河南	河南
3	河北	河北	河北	河北	河北	河北	河北	河北	河北	河北
4	辽宁	辽宁	辽宁	辽宁	辽宁	辽宁	辽宁	辽宁	辽宁	辽宁
5	江苏	江苏	江苏	江苏	江苏	江苏	江苏	江苏	江苏	江苏
6	四川	四川	四川	湖北	湖北	湖北	湖北	湖北	湖北	湖北
7	湖北	湖北	湖北	四川	四川	安徽	安徽	安徽	安徽	安徽
8	安徽	安徽	安徽	安徽	安徽	四川	四川	四川	四川	四川
9	黑龙江	黑龙江	黑龙江	吉林	吉林	吉林	吉林	吉林	吉林	吉林
10	吉林	吉林	吉林	黑龙江	黑龙江	黑龙江	黑龙江	黑龙江	黑龙江	黑龙江

二、禽蛋的主要生产模式

目前，我国禽蛋的市场流通大体可分为"农户+批发市场（蛋商）"模式、"公司+农户"模式、"产销一体化"模式三种。

（一）"农户+批发市场（蛋商）"模式

"农户+批发市场（蛋商）"模式一般以散户为主，养殖规模、条件、包装等相对低端，鸡蛋质量不稳定；整个流通过程没有对鸡蛋进行清洗、消毒、喷码等环节，又缺乏有效的检验检疫，流向终端的鸡蛋一般难以进行辨别和追溯，存在较大的质量安全风险。"农户+批发市场（蛋商）"模式涉及环节少，技术条件差，所需投入成本较低。蛋品通过蛋商流入批发市场，再分销到农贸市场、学校、企业及餐饮单位等。

（二）"公司+农户"模式

"公司+农户"模式一般是公司通过合同达到统一管理的目的，并提供技术服务及监管食品安全。通过此模式，部分企业在扩大市场规模的基础上，保证饲料原料的稳定供给，减少中间环节，缩减成本，增强养殖及生产的抗风险能力；同时企业发展品牌鸡蛋，做到鸡蛋质量保证和信息追溯。

（三）"产销一体化"模式

"产销一体化"模式下，饲料生产、蛋鸡养殖、蛋品加工以及产品分销的所有环节都由企业独立完成，是企业纵向一体化全产业链的体现。企业从源头控制产品质量，统一管理市场，加强鸡蛋生产的标准化。企业通过清洗、消毒、涂蜡、分级、喷码、包装等技术，提升产品溢价能力，但也增加了各环节成本。这一模式下的产品由于品质优异，一般价格较高，主要通过经销商和超市等高端途径进行销售，企业在发展品牌鸡蛋方面具有较大优势（见表1-2）。

表1-2 三种不同市场模式对比分析

项目	农户+批发市场（蛋商）	公司+农户	产销一体化
参与者	散户	中规模	大规模
中间成本	较少	较高	很高
食品安全	差	较好，部分可控	很好，可控
市场稳定性	差	较好	很好
比例	>55%	>35%	<10%

数据来源：调研数据。

第二章

禽蛋的消费与区域特点分析

一、我国禽蛋的消费概况

（一）消费指标概念与内涵

1. 表观消费量概念与内涵

肉类、禽蛋和奶类的表观消费量是指当年产量加上净进口量（当年进口量-出口量），肉类、禽蛋和奶类的人均表观消费量推算方法为肉蛋奶的表观消费量除以当年人口数量。与调查量相比，表观消费量要高出很多，这一指标与联合国粮食及农业组织（FAO）发布的各国消费量统计口径一致。数据来源为国家统计局当年国内肉类、禽蛋和奶类的总产量，进出口数据来源于海关总署肉类、禽蛋和奶类的进口量-出口量（净进口量），人口数据来源于国家统计局年末人口数。

2. 住户调查消费量概念与内涵

住户调查消费量是指居民人均食品户内外消费量，即城乡居民的人均食品实际消费量。由居民人均食品消费量除以户内消费比重得到居民人均食品户内外消费量。参考国家统计局的统计和定义，居民人均食品户内外消费量来源于全国住户收支与生活状况调查，基础数据主要使用记账方式采集，调查户每日按照国家统计局统一制定的日记账本和记账要求将日常购买的食品消费数量记录下来。如果是农户，还要再加上农户自产自用的食品，这些基础数据经过审核后上报至国家统计局，国家统计局通过统一的数据处理程序加权超级汇总。其中，居民家庭平均每人主要食品消费量是指居民在家消费的所有粮、油、菜、肉、蛋、奶、水产品等食品，不包含在外饮食消费的食品。因此，需要确定户内外消费比例以确定居民户内外实际消费量。户内消费比重计算公式为：户内消费比重=1-（户外消费/食品支出）。居民人均食品消费量、在外用餐和食品支出数据均来源于历年《中国城市（镇）生活与价格年鉴》《中国农村住户调查年鉴》和《中国住户调查年鉴》。

3. 摄入量概念与内涵

本章中的动物性食物摄入量是参照《中国食物成分表》中可食部分比重，扣除消费环节的浪费部分，对不同产品的摄入量进行计算，具体计算公式为：摄入量=消费量×（1-浪费比重）×可食部分比重。本课题组调研结果显示，猪、牛、羊、禽四类居民常见消费肉类的可食部分系数分别为88%、89%、84%、69%，奶类的可食部分系数为100%。禽蛋的可食部分系数为88%。[①]

（二）禽蛋消费趋势与特点

1. 1982—2020年禽蛋消费趋势与特点

1982—2020年我国居民人均禽蛋年消费量从2.9千克增长到24.6千克，增长了近7.4倍，年均增长0.56千克，年均增长率为6.0%。我国居民禽蛋的消费可分为两个阶段：一是1982—1999年为快速增长期，年均增长0.83千克，年均增长率为11.6%；二是2000—2020年为缓慢增长期，年均增长0.31千克，年均增长率为1.48%（见图2-1）。

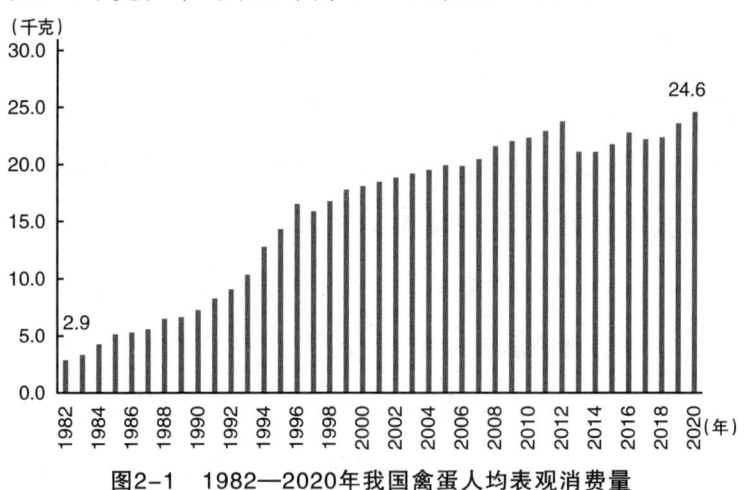

图2-1 1982—2020年我国禽蛋人均表观消费量

数据来源：国家统计局，2020年。

---

① 数据来源于课题组调研。

2. 我国禽蛋消费结构

按照消费途径来分,我国禽蛋消费主要分为家庭消费和户外消费(主要是鲜蛋)、工业消费(深加工蛋)、种用及其他这三个重要途径。目前,我国鸡蛋消费依然以鲜蛋为主,约占禽蛋总消费量的75%以上;之后是禽蛋加工消费,约占禽蛋总消费量的15%;占比最低的是种用及其他,约占总消费量的8%。2020年禽蛋消费量为3449万吨,与2019年相比增长4.6%。禽蛋消费以鲜蛋为主,占总消费量的77.2%,达到2662万吨,与2019年相比增长4.7%;之后是禽蛋加工消费,占总消费量的15.0%,达到516万吨,与2019年相比增长5.1%;占比最低的是种用及损耗,占总消费量的7.8%,达到271万吨,与2019年相比增长3.0%。未来,随着居民消费不断升级和禽蛋加工技术不断进步,将会有效促进禽蛋加工业快速发展,禽蛋加工消费量将增加明显(见表2-1、图2-2)。

表2-1 2015—2020年禽蛋消费结构

单位:万吨

年份	消费总量	鲜蛋消费量	加工禽蛋消费量	种用及其他
2015	2985	2279	458	248
2016	3010	2298	463	249
2017	3080	2361	467	252
2018	3118	2386	483	249
2019	3296	2542	491	263
2020	3449	2662	516	271

数据来源:《中国农业展望报告(2020—2029)》。

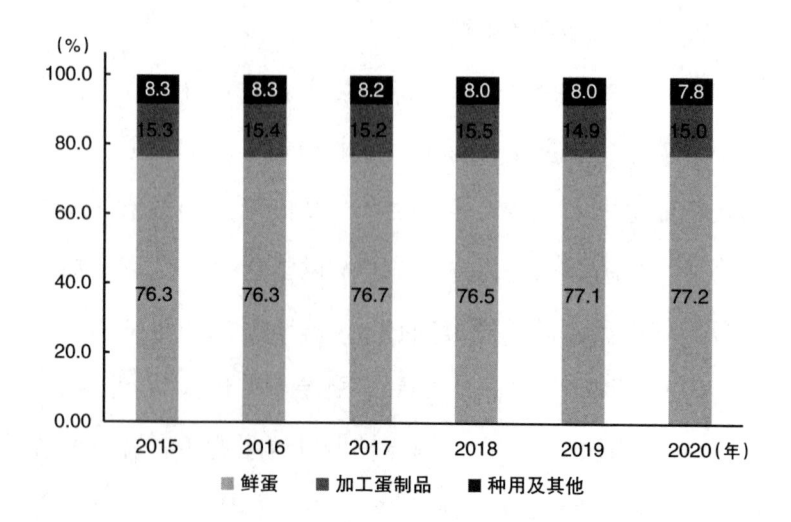

```
(%)
100.0  8.3    8.3    8.2    8.0    8.0    7.8
      15.3   15.4   15.2   15.5   14.9   15.0
 80.0
 60.0
      76.3   76.3   76.7   76.5   77.1   77.2
 40.0
 20.0
 0.00
      2015   2016   2017   2018   2019  2020(年)
         ■鲜蛋  ■加工蛋制品  ■种用及其他
```

图2-2　2015—2020年居民禽蛋消费结构

数据来源：《中国农业展望报告（2015—2024）》。

3. 城乡居民禽蛋消费差异

2019年，城镇居民人均禽蛋表观消费量为25.8千克/年，与2000年相比，减少了4.1千克，平均每年增加0.21千克；同期，农村居民人均禽蛋表观消费量年均增量为0.64千克，2019年达到20.0千克/年，与城镇居民相差5.8千克。2000年和2019年城镇居民人均禽蛋表观消费量分别是同期农村居民人均禽蛋表观消费量的2.6倍、1.3倍，由此可见，我国城乡居民人均禽蛋消费差距在不断缩小（见图2-3）。

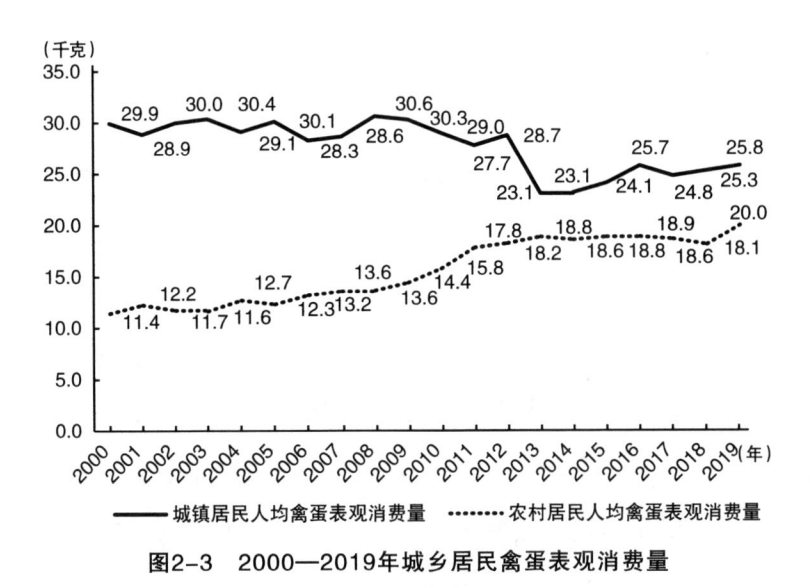

图2-3　2000—2019年城乡居民禽蛋表观消费量

数据来源：《中国住户调查年鉴（2018）》。

4. 不同膳食模式的禽蛋消费情况

基于不同的地理、气候因素，我国农业生产状况具有明显的区域性特征，随之相应的区域性膳食模式也不尽相同。由于农产品的养殖、种植对环境有既定要求，其产地分布也有一定的规律性。农产品实际的供给范围与供给需求、路网状况、运输距离等因素密不可分。"一方水土养一方人"的传统观念，基本符合农业商品"主产即主销"的流通特点。基于农产品聚类指标，采用分层聚类法，结合专家经验，可将我国的各省级行政区划分为六大特色膳食区域，分别为东北膳食区、中东部膳食区、中南部膳食区、东南沿海膳食区、中北部膳食区、边疆膳食区。

（1）东北膳食区居民蛋及其制品消费情况

东北膳食区包括辽宁、吉林、黑龙江。该地区四季分明，冬季温差较大。由于气候寒冷，为了储备更多的能量御寒，当地的口味特点是嗜好肥浓、重油偏咸。1980—2017年，我国东北膳食区居民蛋及其制品在城乡之间的消费趋势相似，都呈增长趋势。城镇居民蛋及其制品消费量可分为三个阶段。第一个阶段是1980—1986年呈快速增长趋势，城镇居民蛋及其制品消费量从人均2.0千克/年迅速增长至8.7千克/年，年均增长0.96千克。第二个阶段是缓慢增长期，从1987—2009年，东北膳食区城镇居民蛋及其制品消费量从人均6.5千克/年增长至14.0千克/年，年均增长0.58千克。第三个阶段是平稳期，从2010—2017年，东北膳食区城镇居民蛋及其制品消费量维持在12.0～13.0千克/年，波动幅度较小。1980—2017年，东北膳食区农村居民蛋及其制品消费量总体呈增长趋势。从1980年的人均2.0千克/年，增长至2008年的人均8.0千克/年，然后呈下降趋势，下降至2014年最低点的人均消费量5.8千克/年，2015—2017年再次呈增长趋势，增长至2017年的人均消费量9.0千克/年（见图2-4）。

图2-4　1980—2017年东北膳食区居民禽蛋消费情况

数据来源：《中国住户调查年鉴（2018）》。

（2）中东部膳食区居民蛋及其制品消费情况

中东部膳食区包括山东、河南、河北、北京、天津、安徽（皖北）、江苏（苏北）。该地区地处平原区域，物产相对均衡。1980—2009年，中东部膳食区居民蛋及其制品消费量都呈增长趋势。其中，城镇居民人均蛋及其制品消费量从1980年的4.2千克/年增长至2009年的16.0千克/年，年均增长0.39千克；农村居民人均蛋及其制品消费量从1980年的1.3千克/年增长至2009年的13.6千克/年，年均增长0.41千克。由此可见，中东部膳食区农村居民蛋及其制品消费量的增长速度快于城镇居民。2010年后中东部膳食区居民蛋及其制品消费量呈短暂下降趋势，城镇居民由

2010年的16.0千克/年下降至2011年的13.6千克/年；农村居民由2010年的13.0千克/年下降至2011年的10.8千克/年。2012—2017年中东部膳食区居民蛋及其制品消费量均呈增长趋势，城镇居民年均增长0.17千克，农村居民年均增长0.45千克（见图2-5）。

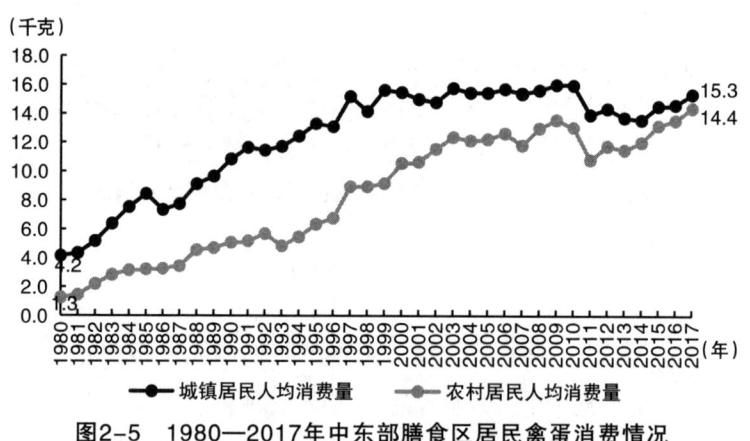

图2-5　1980—2017年中东部膳食区居民禽蛋消费情况

数据来源：《中国住户调查年鉴（2018）》。

（3）中南部膳食区居民蛋及其制品消费情况

中南部膳食区包括江西、湖北、湖南、四川、重庆、云南、贵州。该地区地处山区，系多民族聚集，饮食具有明显的民族特色。1980—2017年，中南部膳食区城乡居民蛋及其制品消费量趋势差异较大。其中，城镇居民人均蛋及其制品消费量呈波动趋势，1980—2017年，年均禽蛋消费量在4.0~8.0千克内波动。农村居民人均蛋及其制品消费量呈增长趋势，1980—2009年人均消费量增长趋势较为缓慢，年均增长0.11千克；2010—2017年人均消费量增长趋势较迅速，年均增长0.50千克。从城乡居民消费差异分析，1980年和2017年城镇居民人均禽蛋消费量分别是同期农村居民人均禽蛋消费量的11.0倍、1.2倍。由此可见，中南部膳食区城乡居民人均禽蛋消费差距在不断缩小（见图2-6）。

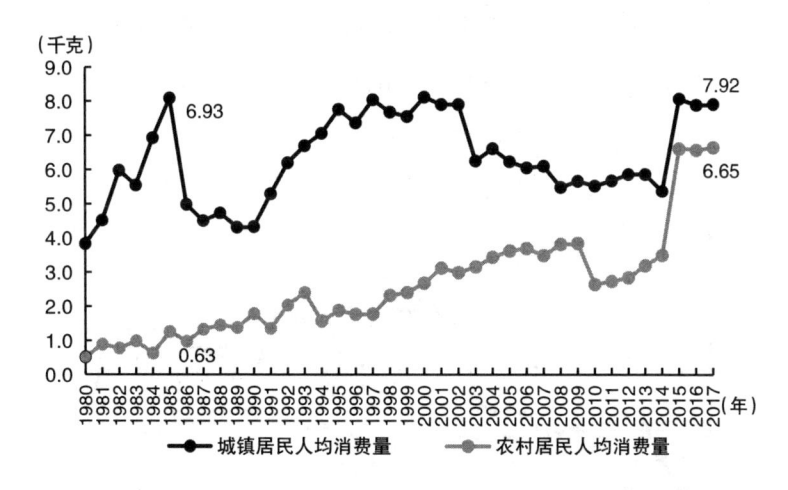

图2-6　1980—2017年中南部膳食区居民禽蛋消费情况

数据来源：《中国住户调查年鉴（2018）》。

（4）东南沿海膳食区居民蛋及其制品消费情况

东南沿海膳食区包括浙江、福建、广东、广西、江苏（苏南）、安徽（皖南）、海南、上海。该地区具有高温多雨的热带气候特征。以丘陵为主的地形，曲折的海岸线，湿热的气候为本地区造就了丰富的自然资源和食物种类。1980—2017年，东南沿海膳食区居民蛋及其制品消费量呈增长趋势。1980—1997年呈快速增长趋势，城市居民蛋及其制品消费量从人均1.6千克/年迅速增长至9.8千克/年，年均增长0.46千克。1998—2007年，东南沿海膳食区城镇居民禽蛋消费量从1998年的8.9千克/年下降至2001年的6.7千克/年（最低点），2004—2007年维持在8.7千克/年。农村居民人均蛋及其制品消费量呈缓慢增长趋势，从1980年的0.65千克/年增长至2017年的6.7千克/年，年均增长0.16千克（见图2-7）。

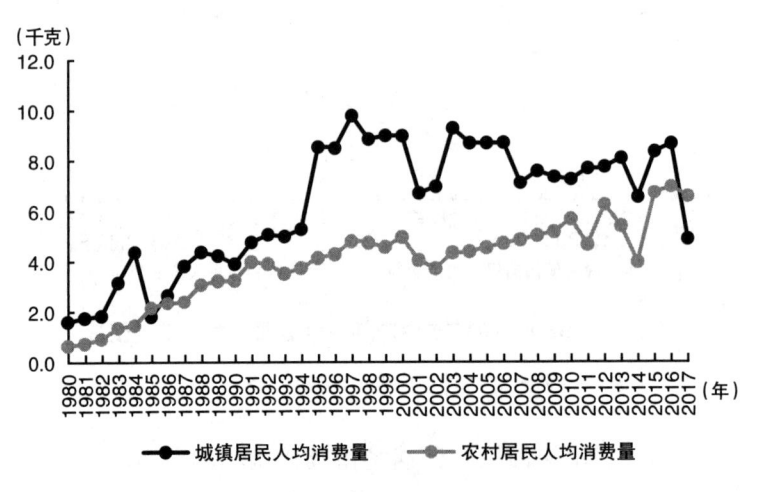

图2-7　1980—2017年东南沿海膳食区居民禽蛋消费情况

数据来源：《中国住户调查年鉴（2018）》。

（5）中北部膳食区居民蛋及其制品消费情况

中北部膳食区包括宁夏、甘肃、青海、山西、陕西。该地区水土资源相对平衡，物产较为丰富。1980—2017年，中北部膳食区城镇居民蛋及其制品消费量呈先增后减趋势，且在2005年时达到峰值（9.9千克/年），之后波动下降至2017年的人均8.8千克/年，在2016年时下降至最低点（6.9千克/年）。中北部膳食区农村居民人均蛋及其制品消费量呈缓慢增长趋势，从1980年的0.2千克/年增长至2017年的4.6千克/年，年均增长0.12千克（见图2-8）。

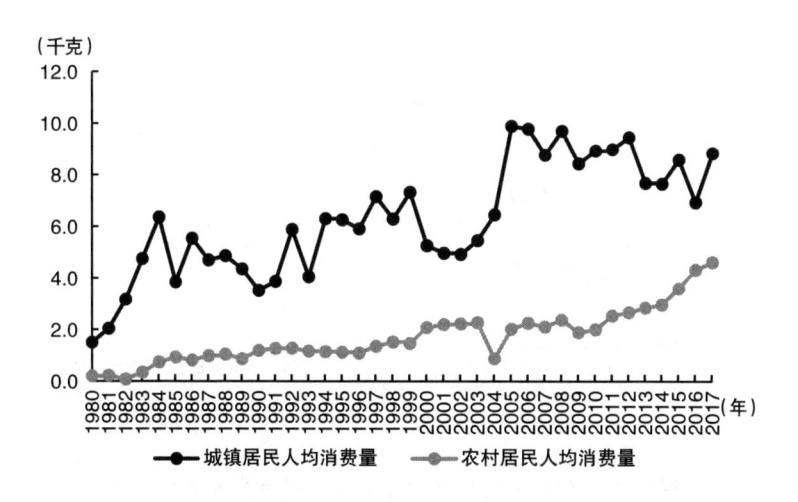

图2-8　1980—2017年中北部膳食区居民禽蛋消费情况

数据来源：《中国住户调查年鉴（2018）》。

（6）边疆膳食区居民蛋及其制品消费情况

边疆膳食区包括内蒙古、新疆、西藏。该地区地域广阔，以温带大陆性气候为主，夏热冬冷，日夜温差大，降水量少，空气干燥。该地区畜牧业十分发达，肉食资源非常丰富，当地的饮食特点以牛羊肉为主。1980—2017年，边疆膳食区城乡居民禽蛋消费量均呈增长趋势。1980年，城镇居民禽蛋消费量是农村居民的2.5倍，2017年城镇居民人均禽蛋消费量是农村居民人均禽蛋消费量的1.68倍（见图2-9）。

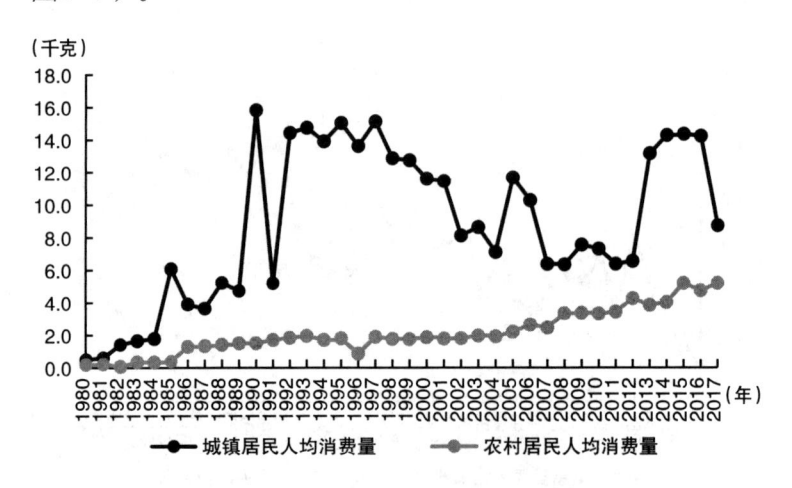

图2-9　1980—2017年边疆膳食区居民禽蛋消费情况

数据来源：《中国住户调查年鉴（2018）》。

二、我国代表性地区居民禽蛋消费规律

（一）北京居民禽蛋消费情况

1980—2017年，北京城乡居民禽蛋及其制品消费量都呈现增长趋势，且消费量趋向一致。其中城镇居民人均禽蛋及其制品消费量在1999年达到峰值（19.9千克/年）后开始下降至2017年的11.8千克/年。1980—2017年，城镇居民人均禽蛋及其制品消费量年均增长0.13千克。农村居民人均禽蛋及其制品消费量呈缓慢增长趋势，从1980年的人均消费量1.2千克/年增长至2017年的人均消费量11.8千克/年，年均增长0.28千克。由此可见，农村居民禽蛋及其制品消费量增长速度快于城镇居民（见图2-10）。

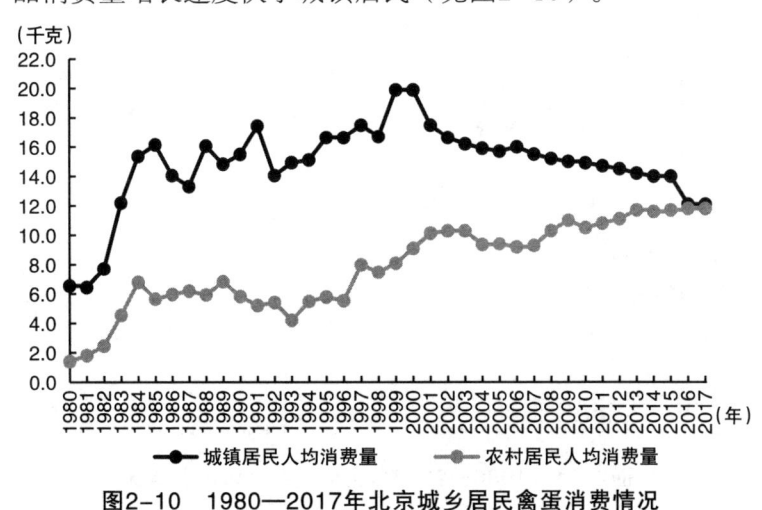

图2-10　1980—2017年北京城乡居民禽蛋消费情况

数据来源：《中国住户调查年鉴（2018）》。

（二）上海居民禽蛋的消费情况

1980—2017年，上海居民人均禽蛋消费量呈波动增长趋势。第一个阶段是1980—1991年的快速增长期，上海居民禽蛋及其制品消费量从人均2.9千克/年增长至10.8千克/年，年均增长0.66千克。第二个阶段是下降期，在1991—2004年，上海居民蛋及其制品消费趋势波动较大，分别在1991年、2002年达到10.8千克/年和10.7千克/年，之后分别迅速下降至1995年和2004年的5.6千克/年。第三个阶段是2004年之后的稳定增长期，从2004年的人均5.6千克/年增长至2017年的10.0千克/年，年均增长0.31千克（见图2-11）。

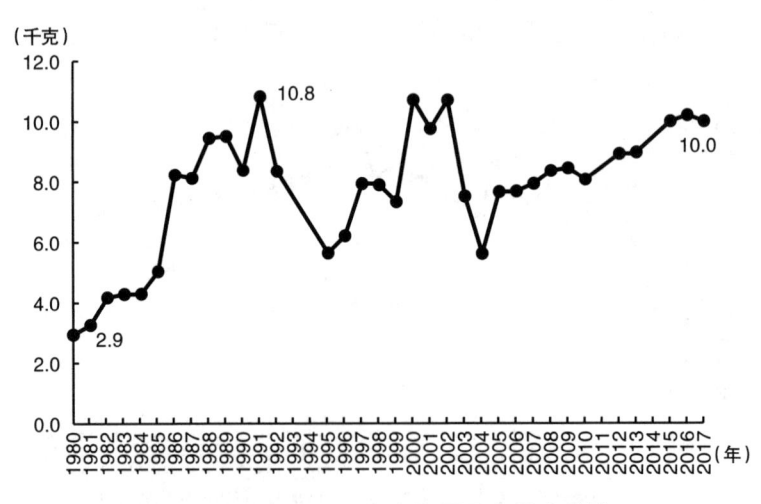

图2-11　1980—2017年上海居民禽蛋消费情况

数据来源：《中国住户调查年鉴（2018）》。

（三）我国台湾地区居民禽蛋的消费情况

1961—2018年，我国台湾地区居民人均禽蛋消费量呈先增长后稳定趋势。第一个阶段是1961—1997年的较快增长期，我国台湾地区居民禽蛋及其制品消费量从人均1.6千克/年增长至14.8千克/年，年均增长0.36千克。第二个阶段是消费稳定期，从1998年至2018年，我国台湾地区居民禽蛋及其制品消费量较为稳定，维持在14.0千克/年左右（见图2-12）。

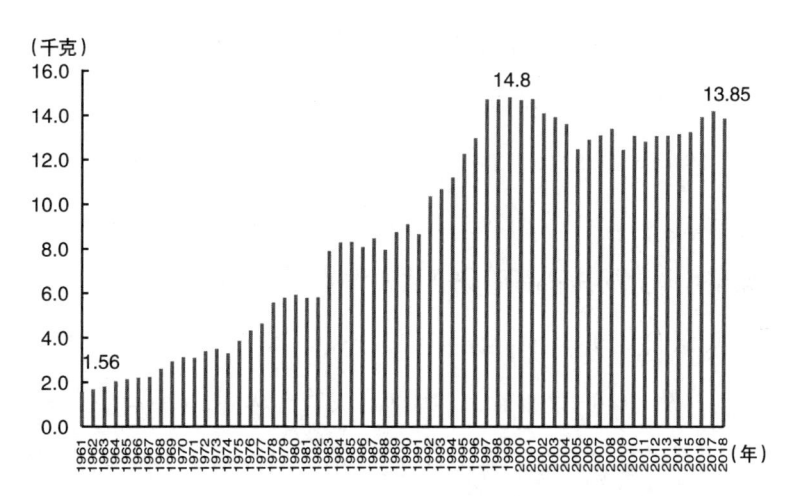

图2-12　1961—2018年我国台湾地区居民禽蛋消费情况

数据来源：FAO。

三、代表性国家禽蛋消费规律

（一）东方膳食模式代表国家禽蛋消费情况

该膳食模式以植物性食物为主，动物性食物为辅。大多数发展中国家，如泰国、巴基斯坦等均属此类型。该类膳食模式平均能量摄入为2000—2400千卡（1千卡=4.184千焦），优质蛋白质摄入比例较少，膳食纤维充足，来自动物性食物的营养素如铁、钙、维生素A摄入量常会出现不足。这类膳食模式容易出现蛋白质、能量营养缺乏，以致健康状况不良、劳动能力降低、血脂异常和冠心病等。

1961—2018年，泰国居民人均禽蛋消费量呈现先减后增的趋势。第一个阶段是1961—1979年的缓慢减少期，泰国居民禽蛋及其制品消费量从人均8.9千克/年减少至6.5千克/年（最低点），年均减少0.13千克。第二个阶段是波动增长期，从1980—2014年，泰国居民禽蛋及其制品消费量从人均7.0千克/年增长至12.9千克/年（最高点），年均增长0.17千克（见图2-13）。

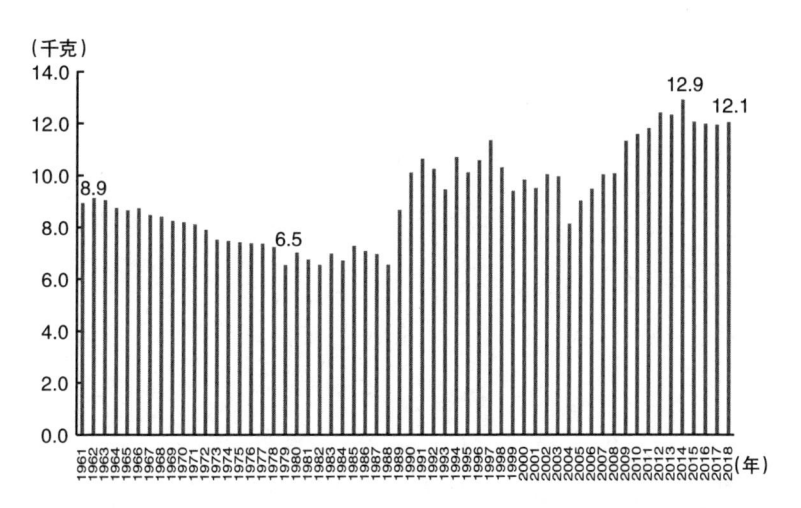

图2-13　1961—2018年泰国居民禽蛋消费情况

数据来源：FAO。

（二）西方膳食模式代表国家禽蛋消费情况

以西方发达国家为代表的膳食模式中，粮谷类食物过少，而动物性食物和食糖占较大比例，因而其膳食营养具有高热量、高脂肪（胆固醇）、高蛋白质的"三高"特点。这种膳食模式的优点是动物性食物占有比例大，优质蛋白质在此膳食模式中占的比例高，同时动物性食物中所含的无机盐一般利用率较高，脂溶性维生素和B族维生素含量也较高。其缺点是食糖过多，热量供应过剩，而热量过剩是"富裕型"疾病多发的重要因素。

1961—2018年，美国居民人均禽蛋消费量呈先减后增的趋势。第一个阶段是1961—1990年的缓慢减少期，美国居民禽蛋及其制品消费量从人均17.7千克/年（最高点）减少至13.4千克/年（最低点），年均减少0.14千克。第二个阶段是缓慢增长期，从1991—2017年，美国居民禽蛋及其制品消费量从人均13.4千克/年增长至16.2千克/年，年均增长0.10千克（见图2-14）。

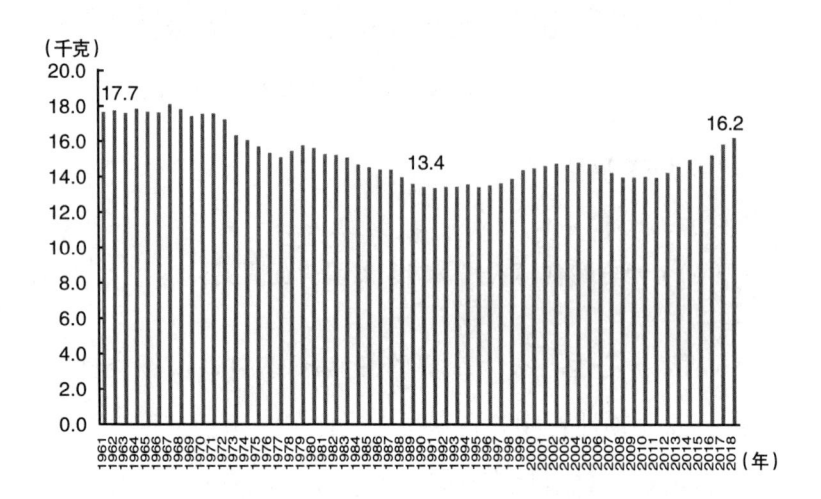

图2-14　1961—2018年美国居民禽蛋消费情况

数据来源：FAO。

（三）日本膳食模式地区居民禽蛋消费情况

日本膳食模式是一种较为均衡的膳食结构，以日本和

第二章
禽蛋的消费与区域特点分析

韩国地区的膳食为代表。日本膳食模式中的粮谷类食物和动物性食物摄入量的比例比较均衡,动物性食物摄入量在100~150克。尤其海产品比较丰富,可以占到动物性食物的一半。日韩膳食模式同时结合了东方膳食模式和西方膳食模式的优点,以植物性食物提供的能量为主,还能够满足人体对各类营养素的需求量。不仅如此,该膳食模式的饮食比较清淡,有利于避免蛋白质、能量营养不良及维生素、微量元素缺乏等营养缺乏病,同时也有利于预防营养过剩导致的心血管疾病、糖尿病等。

1961—2018年,日本居民人均禽蛋消费量呈现两个阶段:第一个阶段是1961—1993年的稳定增长期,日本居民禽蛋及其制品消费量从人均9.3千克/年增长至20.2千克/年的(最高点),年均增长0.33千克;第二个阶段是平稳期,从1994年至2018年,日本居民蛋及其制品消费量维持在20.0千克/年左右,波动幅度较小。当前日本居民每人每天禽蛋及其制品消费量为55克,即每天摄入一颗蛋(见图2-15)。

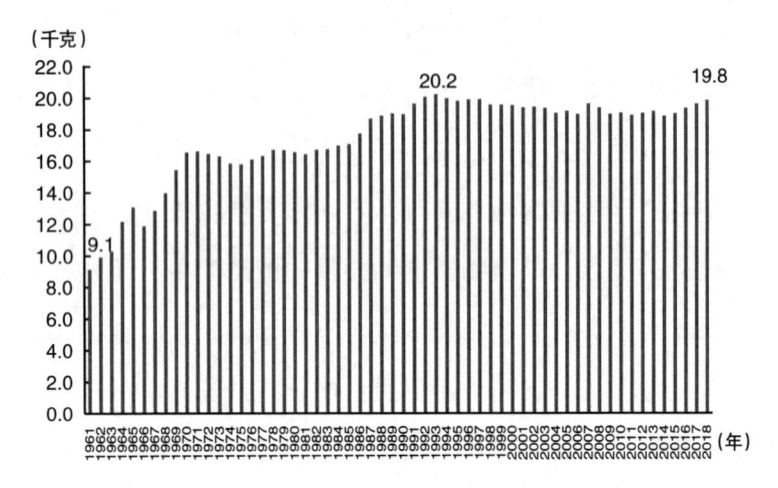

图2-15　1961—2018年日本居民禽蛋消费情况

数据来源：FAO。

（四）地中海式膳食模式地区居民禽蛋消费情况

地中海式膳食模式以地中海命名是因为该膳食模式的特点是居住在地中海地区的居民所特有的，法国、西班牙、意大利、希腊等国家的膳食可作为该种膳食模式的代表。该膳食模式的特点是富含植物性食物，包括粮谷物（每天350克左右）、水果、蔬菜、豆类、果仁等；每天食用适量的鱼、禽肉，少量蛋、奶酪和酸奶；每月食用畜肉（猪肉、牛和羊肉及其制品）的次数不多，主要的食用油是橄榄油；大部分成年人有饮用葡萄酒的习惯。脂肪提供能量的比例占膳食总能量的25%～35%，其中饱和脂肪酸所占比例低，为7%～8%；此膳食模式的突出特点是饱和脂肪摄入量低，不饱和脂肪摄入量高，膳食含大量复合碳水化合物，蔬菜、水果摄入量较高。地中海地区居民心脑血管疾病、2型糖尿病等发病率低，已引起西方国家的注意，因此，西方国家纷纷参照地中海膳食模式改进本国的膳食模式。

1. 法国居民禽蛋消费情况

1961—2018年，法国居民人均禽蛋消费量呈现先增长后降低的趋势。第一个阶段是1961—1988年呈稳定增长趋势，法国居民禽蛋及其制品消费量从人均10.5千克/年增长至16.0千克/年（最高点），年均增长0.20千克。第二个阶段是平稳期，1989—2004年，法国居民禽蛋及其制品消费量维持在15.0～16.0千克/年，波动幅度较小。第三个阶段是2005—2018年的降低期，法国居民禽蛋及其制品消费量从人均14.3千克/年下降至11.7千克/年，年均减少0.18千克（见图2-16）。

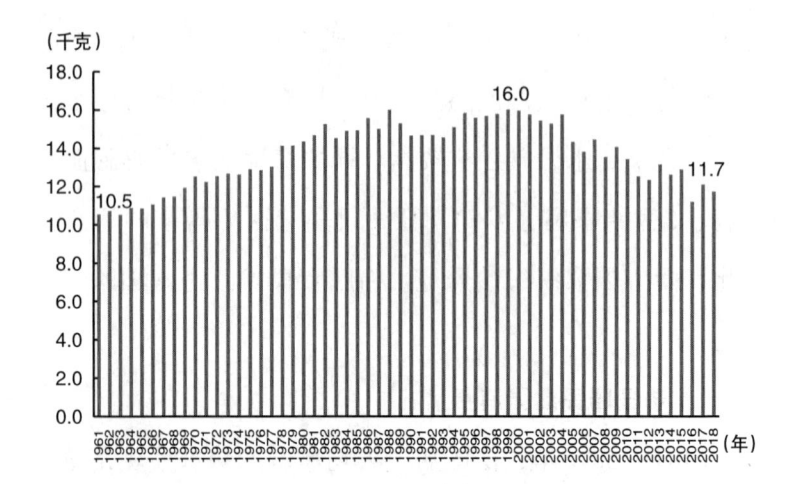

图2-16　1961—2018年法国居民禽蛋消费情况

数据来源：FAO。

2. 西班牙居民禽蛋消费情况

1961—2018年，西班牙居民人均禽蛋消费量呈波动增长趋势。第一个阶段是1961—1982年的稳定增长期，西班牙居民禽蛋及其制品消费量从人均7.9千克/年增长至16.6千克/年，年均增长0.40千克。第二个阶段是下降期，从1983年至1998年，西班牙居民禽蛋及其制品消费量从人均16.6千克/年下降至12.1千克/年，年均减少0.28千克。进入2000年后，西班牙居民禽蛋及其制品消费量较为稳定，维持在14.0千克/年左右（见图2-17）。

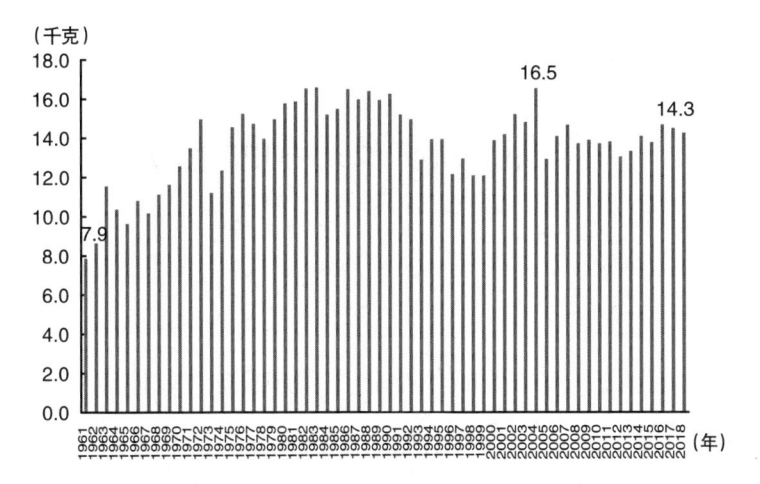

图2-17　1961—2018年西班牙居民禽蛋消费情况

数据来源：FAO。

第三章

禽蛋的品质及影响因素分析

禽蛋是人类重要的营养来源，能够提供多种维生素和微量元素，同时富含卵磷脂、卵黏蛋白、胆碱等对人体有益的营养成分，是富含优质蛋白质的健康食品。禽蛋品质通常包含蛋重、蛋壳质量、蛋黄大小和颜色等多种方面，相应的评价标准有哈氏单位、蛋壳强度、蛋黄指数、蛋黄颜色等指标。关于鸡蛋品质的研究，多集中于蛋黄颜色、蛋清质量、蛋壳品质的改善及营养物质富集等方面；关于饲料因素对鸡蛋风味影响的报道，多集中于对鸡蛋风味不利、有害的方面。

一、饲料质量对鸡蛋品质的影响

（一）饲料中营养素对鸡蛋品质的影响

维生素和微量元素在动物体内的含量甚微，但对动物机体的生命活动起着至关重要的作用。维生素和微量元

第三章
禽蛋的品质及影响因素分析

素无论是缺乏还是过量都会对动物生产性能产生巨大的影响，严重的会影响动物的生命活动甚至造成动物死亡。

维生素既不是构成动物体的原材料，也不能供应能量和蛋白质等养分，一般以酶、辅酶或者酶的激活剂的形式参与机体的代谢，有效促进能量、蛋白质及微量元素的高效利用。维生素的作用是特定的，不能被其他养分所替代，动物缺乏维生素将导致特异缺乏症。现代饲料工业中，维生素并不只是按传统作用去治疗某种维生素缺乏症，而是作为饲料中的必需营养成分，用以增强动物抗病或抗应激能力，或是促进生长，提高畜产品产量和质量，增加养殖业经济效益。目前，国内外对单一维生素对蛋鸡生产性能影响的研究较多。维生素对鸡蛋品质的影响主要涉及蛋壳，如维生素D_3（胆钙化醇）对于蛋壳的形成有非常重要的作用，维生素D_3在家禽体内经代谢转化为25-羟基-D3和1,25-二羟胆钙化醇，可提高肠黏膜细胞中钙结合蛋白的合成，促进肠道对钙、磷的吸收。缺乏维生素D_3将会影响肠道黏膜细胞对钙的吸收能力，从而导致蛋壳质量差，软壳蛋、破壳蛋增多。维生素A是维持一切上皮组织健全所必需的物质，当维生素A缺乏时，输卵管上皮不能正常分泌钙质和组成蛋壳的其他相关物质，导致产蛋率降低，蛋品质下降。维生素C是蛋壳有机质（胶原和黏多糖）合成所必需的，对蛋壳的稳定性有良好的促进作用。维生素K_3是凝血酶重要的辅助因子，尤其是血红蛋白和血细胞生产的重要维生素，蛋鸡的鸡冠、蛋壳发白均与它有关。维生素B_{12}也是影响血红细胞的成熟发育和色素原卟啉的合成，从而影响蛋壳色素的合成。对蛋壳颜色影响较大的还有维生素E、叶酸、烟酸，维生素E对蛋壳颜色的光泽度有一定作用；叶酸是免疫系统正常发育，血细胞成熟的重要辅酶因子；烟酸缺乏是骨骼变形和蛋壳变形的重要因素。

微量元素在保证家禽机体健康生长和高效生产方面起着十分重要的作用，并依靠家禽机体内的稳态机制将其在血浆含量中维持在一个狭小的正常范围内。微量元素需要量极少，但如果缺乏，机体生命活动便不能正常进行。铜、铁、锰、锌、硒、碘等是蛋鸡生产所必需的重要微量元素，日粮中含量不足将直接或间接影响蛋鸡正常的生理功能和生产性能。微量元素、钙和磷是组成蛋壳的基本物质，鸡具有按能量需要采食的特性，因此高能饲料含钙量也要相应提高，一般蛋鸡饲料含钙量在4%左右，基本能满足需要。钙含量过高也会起反作用，会在蛋壳表面沉积白垩质或形成粗糙的皱纹；严重过量时，将以磷酸钙的形式排出，引起磷缺乏而产生软蛋。除钙外，镁也是蛋壳的重要成分之一，日粮中合理的镁含量对于蛋壳质量有益。通常情况下，日粮镁含量为0.15%～0.22%，含量过高会影响钙的吸收，含量过低则会出现镁缺乏，这两种情况都会影响蛋壳的厚度。鸡蛋中的磷含量约为140毫克，而蛋壳中磷的含量为20毫克左右。高水平的血磷会抑制骨钙的动员，且磷离子对碳酸钙的形成具有抑制作用，这会持续到蛋壳形成的最后阶段。所以当日粮中的磷含量过高时，往往会影响蛋壳的质量。一般在配制蛋鸡日粮时，钙与可利用磷（包括使用植酸酶释放的植酸磷）的比例应保持在10∶1左右，既不影响蛋壳质量，也不会引起磷缺乏。

（二）饲料中添加剂对鸡蛋品质的影响

家禽饲料添加剂作为家禽饲料中不可或缺的一部分，在改善家禽产品品质、提高养殖效益等方面有着重要作用。功能性添加剂是将其加入饲料中，是对自身生理调节能力有益、增强畜禽的免疫功能或者提高生产性能的可食性物质。功能性添加剂通过改善饲料产品的品质及适口性增加畜禽的采食量、加快畜禽生长发育、降低饲养成本，或者通过其调节畜禽消化道微生态系统，提高畜禽的营养水平。一般功能性添加剂多种多样，也有着多样的作用效果，它为畜禽健康良好的生长、畜产品的优良品质及安全提供了可靠的保障。

功能性添加剂大体上分为以下几类：调节微生态功能添加剂，一般指能调节畜禽机体微生态环境的物质。例如2-羟基-4-（甲硫基）丁酸等有机酸，硫酸镁等有机盐，益生素、寡糖、维生素、活菌制剂、酶制剂以及植物提取物等。调节采食功能添加剂，一般指畜禽食用后对其采食量具有明显调控作用的物质，常见的是肽类物质。目前在神经内分泌系统调节畜禽采食量方面的研究已成为研究畜禽生理化及营养的热点领域。调节免疫系统添加剂，一般有氨基酸、多不饱和脂肪酸、核苷酸、微量元素、维生素、抗氧化剂等能够与饲料混合在一起提高畜禽机体免疫能力的物质。促进生长添加剂，一般是指能够调节控制生长发育，或者是在某些条件下能够稳定体重、保持体况或者加速增重、优化机体状况的一类添加剂，这类物质大部分情况下能够提高畜禽的生长性能。畜产品品质调控剂，一般指对畜产品的化学组成或结构产生影响的物质，畜产品一般有肉、蛋、奶等。常见的影响肉品质的物质有中草药、氨基酸、多不饱和脂肪酸、多糖、甜菜碱、抗氧化剂、有机盐、肉碱等。

（三）饲料中农兽药残留对鸡蛋品质的影响

近年来，抗生素的使用提高了畜禽的生产性能，降低了畜禽的发病率和死亡率，但是由于抗生素的过量使用和滥用，导致抗生素在畜禽体内残留，使机体产生耐药性，破坏畜禽肠道的微生态平衡。让消费者闻之色变的兽药残留，是指动物产品的任何可食用部分所含兽药的母体化合物及其代谢物以及与兽药有关的杂质，包括原药，也包括药物在动物体内的代谢产物和兽药生产中产生的杂质。兽药残留主要有抗生素类、抗虫药物类及镇静剂等，而鸡蛋中常被检测到的兽药残留包括氟喹诺酮类药物（恩诺沙星、氧氟沙星等）、磺胺类、氟苯尼考等。

近几年，关于鸡蛋中兽药残留超标的案例屡见不鲜。在2018年农业农村部组织的畜禽产品质量抽查中，鸡蛋中恩诺沙星超出标准限量值；据2019年国家食品安全监督抽检统计，检测出鸡蛋中恩诺沙星、氟苯尼考等不合格；2020年哈尔滨某大型超市分店销售的鲜鸡蛋中，金刚烷胺被检测出不符合食品安全国家标准规定；甚至消费者认为绿色健康的土鸡蛋，也在抽检中被检出了超范围使用的兽药成分——氟苯尼考。

鸡蛋出现兽药残留超标的原因，可能是添加鸡饲料或者在养殖过程中的疾病治疗，使用的兽药积蓄在蛋鸡体内，进而传递到鸡蛋中。即使现在市场上比较流行的土鸡蛋、草鸡蛋、柴鸡蛋等高档鸡蛋，兽药残留问题也应当引起重视，一方面这类产蛋鸡多为散养，患病的风险更高，养殖户可能会违规使用兽药；另一方面这类鸡蛋多为新鲜鸡蛋，兽药降解较少，比如氟苯尼考在家禽体内代谢慢，在鸡蛋中残留时间长，因此容易被检出。

随着抗生素负面作用对畜禽带来的危害，抗生素的替代物应运而生，如益生菌、益生元、微生态制剂、有机酸、抗菌肽、酵母培养物等。酵母培养物是一种新型的抗生素替代物，是指在特定的工艺条件控制下，由酵母细胞在特定的培养基上经过充分发酵后制成的产品。除含有普通酿酒酵母培养物所含有的有机酸、酵母细胞壁多糖、多肽等功能性成分外，还含有还原型谷胱甘肽、原花青素和核苷酸等特殊功能物质。目前，酵母培养物已在畜禽中得到广泛应用，可提高动物的生产性能，提高动物机体免疫力，改善机体的健康状况。

二、饲料质量对鸡蛋性状的影响

（一）饲料质量对鸡蛋蛋重的影响

影响蛋重的主要因素是营养的摄入量，提高采食量可以增加蛋重，在饲料中额外添加赖氨酸也能达到同样的效果。由于鸡采食的方式以能量的多少为主，达到一定的能

第三章
禽蛋的品质及影响因素分析

量后鸡就会停止进食，所以提高饲料中的能量水平会在一定程度上降低鸡的采食量，从而降低蛋重。能量可通过影响饲料进食量和蛋白质进食量，进而影响蛋重。足够的能量供给，使家禽有足够的蛋白质用于维持产蛋和增加蛋重。饲料蛋白质、氨基酸的供应水平是影响蛋重比较重要的因素之一，蛋白饲料干物质中大约50%是蛋白质，蛋鸡饲粮粗蛋白质水平低于12%时，将影响到产蛋性能，故饲粮中蛋白质水平对蛋重和产蛋率有重要影响。产蛋初期，蛋重较低，食用蛋和种用蛋商品率低或价格低；产蛋后期，蛋重极大，蛋壳品质会下降，破损率也会增加，这也将导致商品合格率下降，故在产蛋初期，应供给具有较高的蛋白水平的饲粮，从而增加蛋重。同时也不应忽视饲粮中氨基酸的水平及平衡，用于蛋白质合成的氨基酸供给对于鸡蛋生产至关重要，当一种或几种氨基酸供给不足时，会影响鸡蛋蛋白质的合成或使其不能合成。水对维持鸡蛋的大小很重要，每生产1枚蛋，需要340毫升的水。亚油酸是家禽必需脂肪酸之一，参与脂肪的合成代谢，影响蛋黄形成的质量和重量，从而影响蛋重。饲料中亚油酸含量是0.62%时，鸡蛋平均重58.8克，若亚油酸含量增至2.83%时，鸡蛋重可达59.6克。饲料中亚油酸的主要来源是植物油，包括红花籽油、棉籽油、大豆油、玉米油等，若以小麦、大麦为主要谷物来源的日粮,其亚油酸水平可能处于最低水平。

(二)饲料质量对蛋壳质量的影响

蛋壳有保障胚胎免受外界环境有害因素的影响,调节鸡蛋内外空气和水分交换,为胚胎发育提供钙等功能。蛋壳的质量包括蛋壳颜色、蛋壳厚度、密度、蛋壳变形值、蛋壳相对重、蛋壳强度等多项指标。影响蛋壳质量的因素很多,主要包括遗传因素、产蛋鸡年龄、环境因素及营养因素等。蛋壳品质是蛋鸡生产重要的外观和经济性状,蛋壳品质的降低不仅使生产者和蛋品加工者损失重大,也会引起消费者对鸡蛋产品的担忧。产蛋后期,蛋鸡抗病力逐渐减弱,蛋重增加、蛋壳变薄使得蛋壳品质变差,因此寻找改善鸡蛋蛋壳品质尤其是蛋鸡产蛋后期鸡蛋蛋壳品质的方法极为迫切。

营养因素是影响蛋壳品质最重要的因素之一,营养因素包括日粮微量元素组成、电解质平衡、氨基酸组成、钙、磷、维生素等诸多因素,其中日粮中钙、磷的吸收率是影响蛋壳品质的关键因素之一。

钙是蛋壳的最主要成分,占蛋壳重的38%~40%(2.2—2.4克/枚)。日粮钙不足时,产蛋鸡会动用骨骼组织中的钙。试验表明，当产蛋鸡日粮钙含量为3.6%时，形成蛋壳80%的钙由饲料提供，20%由骨骼提供，蛋壳质量较佳；当日粮中钙含量只有1.9%时，蛋壳所需30%～40%的钙由骨骼组织提供，蛋壳变薄，产蛋率下降。为了保证最佳的蛋壳质量，产蛋鸡对钙的净需要量为1.897克/（天·只），钙的总利用率为50.8%，因此每只鸡每天需要采食的钙量为3.75～4.00克，日粮中钙含量要求在3.5%以上。不仅如此，钙源颗粒的大小也影响蛋壳质量。试验表明，大小颗粒石粉混合，适当增加大颗粒石粉比例有助于提高蛋壳质量。因为大颗粒钙源在蛋鸡胃肠道中停留时间较长，可均匀地向蛋壳腺供应钙，特别是在夜间。所以，生产实践中一般使用一定粒度和一定比例（三分之一）的颗粒石粉作为钙源，以改善蛋壳品质。

蛋壳中磷含量较少，每枚有20毫克左右。磷的含量也会影响蛋壳质量，磷是蛋壳形成中的重要元素，决定蛋壳的韧性和弹性。研究证明，饲料中总磷量在0.50%～0.65%、有效磷在0.30%～0.45%时蛋壳强度较好。试验表明饲料中磷水平超过0.5%时，蛋壳质量与磷水平呈负相关关系。日粮中有效磷水平不足（AP<0.3%），则会降低蛋壳质量，蛋鸡日粮中添加植酸酶可提高磷利用率，降低粪便中磷的排放量。日粮中有效磷水平过高（AP>0.4%），则会影响蛋壳的密度和产蛋量。低磷对提高蛋壳厚度有利，但是磷水平过低则显著降低产蛋性能。

维生素D_3参与机体钙磷代谢的全过程，可促进钙磷的吸收。日粮中维生素D_3含量低于500 IU/kg时，产蛋量和蛋壳质量均显著降低。维生素D_3活化后转化变成1,25-二羟胆钙化醇，进入肠黏膜细胞，促进该细胞钙结合蛋白蛋mRNA的转录，提高肠黏膜和蛋壳腺细胞中钙结合蛋白数量，促进钙的吸收和在蛋壳腺中的沉积。维生素D_3缺乏会使蛋壳薄而脆，含量过高则导致中毒。

维生素C为蛋壳基质（原胶原蛋白质）的生成所必需的，添加维生素C可促进蛋壳形成，提高蛋壳厚度。随着产蛋鸡日龄的增加，十二指肠摄取维生素能力下降，蛋壳厚度从0.403毫米下降到0.373毫米。蛋壳的质量不仅与日粮中钙的含量有关，还与钙源、钙的颗粒度、饲喂钙的时间有着重要的关系。正常情况下，产蛋鸡自身能合成足量维生素C而不必从饲料中添加。热应激条件下，机体对维生素C的需要量增加而合成能力降低，产蛋率和蛋壳质量下降。维生素C参与胶原组织合成，而胶原成分是形成蛋壳时碳酸钙沉积的基质，维生素C还可促进骨组织中微量元素代谢，增加血浆钙浓度，因而维生素C在一定程度上也可改善蛋壳品质。实践中，常通过补充200~250毫克/千克的维生素C

维持高温季节产蛋鸡的生产性能。

与蛋壳质量密切相关的微量元素还有铜、锰、锌。日粮适量的铜可促进母鸡促黄体素、雌激素和孕酮分泌，提高蛋鸡生产性能，铜的缺乏会影响蛋壳腺和蛋壳形成。锰在蛋白质黏多糖合成中起重要作用，这种糖蛋白与蛋壳钙化启动相关。锌是碳酸酐酶的主要成分，锌缺乏会影响蛋壳腺对碳酸根的分泌，进而影响蛋壳钙化。为了达到较佳的蛋壳质量，日粮中锰和锌的水平应分别维持在30毫克/升和50毫克/升以上。一般的配合饲料中铜含量为10～20毫克/千克，故没必要额外添加，生产中也很少出现铜缺乏症。日粮镁达400毫克/千克才能保证蛋壳强度，高镁（0.56%以上）会影响鸡采食量、产蛋量，增加破损率。一般日粮镁含量也均能满足要求，生产中要注意镁的过量。日粮中碘添加量超过65毫克/千克才可降低蛋破损率，大于130毫克/千克则影响产蛋率。蛋氨酸、赖氨酸和氨基乙酸对蛋壳有强化作用，并可使蛋壳的厚度更均匀。

（三）饲料质量对蛋黄颜色的影响

蛋黄即鸡蛋内部发黄的部分。鸡蛋中的大多数蛋白质都集中在蛋黄部分，此外蛋黄还富含多种维生素，单不饱和脂肪酸、磷、铁各种微量元素也集中在蛋黄，对人体生长十分有益。蛋黄色泽是衡量鸡蛋质量的重要感官指标之一，但与蛋黄的营养价值没有关系，消费者往往偏爱介于金黄色和橙色之间的蛋黄颜色，他们认为蛋黄颜色越深则蛋的品质就越好。

鸡蛋蛋黄颜色是在饲料摄入过程中，脂溶性色素在卵形成期间沉积到蛋黄中形成的。通过在饲粮中添加不同的物质可以改善蛋品质的某些指标，研究表明，在饲粮中添加虾青素就能使蛋黄颜色加深，且鸡蛋蛋黄颜色随着饲粮中虾青素含量的增加而提升。通过在蛋鸡饲粮中添加不同浓度的虾青素发现，饲粮添加天然虾青素对鸡蛋的蛋品质指标没有显著的影响，但是蛋黄的色泽随着天然虾青素添加量的增加逐渐加强。研究表明，随着饲粮中虾青素浓度的增加，坝上长尾鸡、白来航鸡和东乡黑鸡的蛋黄颜色逐渐加深，但不同品种之间，颜色的变化有异，坝上长尾鸡比白来航鸡和东乡黑鸡的蛋黄颜色要深。蛋黄颜色的改变，并不能改变鸡蛋的营养水平，只是改变消费者对鸡蛋的选择，本试验发现高浓度的虾青素在有的鸡蛋中存在虾的腥味。因此，如果在饲粮中添加虾青素只是用来改善蛋黄颜色，那么不建议在饲粮中添加高剂量的虾青素。在华北柴鸡的饲粮中加入不同浓度的纳米硒，可以改善蛋黄的颜色。另外，有关饲粮中添加叶酸对蛋黄颜色的改变报道较少，因此，饲粮中添加硒和叶酸对蛋黄颜色的改变不是主要的研究目标。蛋鸡在产蛋初期，蛋黄有着更深的颜色，随着产蛋周期的延长，蛋黄的色泽逐渐下降。

三、饲料质量对鸡蛋风味的影响

（一）影响鸡蛋风味的形成因素

产蛋鸡饲粮组成直接影响鸡蛋的品质和风味。有些气味较浓的饲料，如葱、鱼等，其气味可直接影响蛋的味道。有些饲料被食入后，在消化代谢过程中形成的一些产物也会使蛋产生异味。在鸡日粮中应用鱼粉、菜籽饼和胆碱常与蛋产生腥臭味有关。其中，关于n-3多不饱和脂肪酸（polyunsaturated fatty acids，PUFAs）富集鸡蛋的异味和鸡蛋鱼腥味的报道较多。n-3 PUFAs富集鸡蛋的异味主要由脂肪酸氧化和鱼粉中的三甲胺引起。据报道，产蛋鸡饲粮中的动物源（鱼粉、鱼油）和植物源（菜籽饼粕、亚麻籽、海藻、棕榈、葡萄籽、大麻籽、异养微藻等）原料，可能影响鸡蛋风味。维生素（抗氧化等作用）、植物提取物常用于缓解脂质氧化对风味的影响。

鱼粉和鱼油：鱼粉中氧化三甲胺（trimethylamine oxide，TMAO）含量（约4.9克/千克）较高，TMAO

在鸡体肠道微生物作用下氧化为带有鱼腥味的三甲胺（trimethylamine，TMA），并沉积于鸡蛋中产生异味。TMAO广泛分布于海产动物组织中，鱼体中TMAO含量因品种和生活水域不同而相差较大。与英国鲱鱼和秘鲁鳀鱼粉相比，饲喂5%鳕鱼粉和加拿大大西洋鲱鱼粉，鸡蛋的发霉、腐臭和鱼腥味更明显，储存后异味增加。因鱼粉等级和来源等因素，引起鸡蛋异味的添加量差异较大（2.5%~20.0%）。有研究认为，鱼粉添加量低于2.5%不影响鸡蛋风味，也有研究认为1.5%的鱼粉即可降低鸡蛋风味评分。鱼粉或鱼油中n-3 PUFAs的腐败是引起鸡蛋风味下降的另一因素。n-3 PUFAs氧化过程中产生的过氧化物易于再次氧化或分解，进而产生如短链醛、酮类等副反应产物和其他氧化产物，从而破坏鸡蛋的风味。产蛋鸡饲喂2.5%普通鱼油即产生鱼腥味鸡蛋，与普通鱼油相比，MFO脂质氧化稳定性更好，添加大于10%的微囊鱼油（microencapsulated fish oil，MFO）未检测到风味下降。通过饲喂含1.5%英国鲱鱼油、大西洋鲱鱼油、太平洋鳕鱼油或秘鲁鳀鱼油的饲粮发现，鱼油的来源对鸡蛋风味有影响，其中，饲喂秘鲁鳀鱼油生产的鸡蛋鱼腥味最大，可能是鱼油中脂肪酸的组成和含量来源不同所致。延长饲粮储存时间会引起鱼粉或鱼油中不饱和脂肪酸和蛋白质等营养物质的氧化，氧化产物沉积于鸡蛋中，影响鸡蛋风味。

菜籽饼粕：菜籽饼粕极易诱发鱼腥味鸡蛋产生，饲粮中去除后，蛋鸡不再产鱼腥味鸡蛋。菜籽饼粕中的芥子碱（0.8%~3.0%）是三甲胺的前体物，饲粮中添加3%菜籽饼粕就能导致鸡蛋产生鱼腥味；双低菜籽饼粕不产鱼腥味蛋的最大添加量为4%~7%；10%的各类菜籽饼粕均可致鸡蛋产生鱼腥味。一般采食含菜籽饼粕饲粮5天后，便可检到鱼腥味鸡蛋。易感型蛋鸡对菜籽饼粕比氯化胆碱更为敏感，这是因为胆碱的吸收主要在小肠前段，当吸收达到饱和，且有足量的胆碱到达盲肠时，肠道菌才能代谢产生TMA；而芥子碱在肠道前段不被吸收，直到盲肠才释放出胆碱。菜籽饼粕中含有硫代葡萄糖苷、单宁、芥子碱等多种抗营养因子，硫代葡萄糖苷能水解生成硫氰酸盐、异硫氰酸盐和恶唑烷硫酮等毒性物质；5-乙烯基恶唑烷硫酮和可溶性单宁是FMO3的强烈抑制剂。恶唑烷硫酮通过与TMA竞争FMO3酶活性中心从而降低TMA的代谢，单宁则以非竞争性机制影响FMO3活性。体内试验表明，只有易感基因型蛋鸡的鸡蛋中TMA含量与饲粮双低菜籽饼粕剂量存在明显的线性关系，随着双低菜籽饼粕添加量增加而升高，而野生型和杂合性基因型蛋鸡鸡蛋中TMA含量并无上升趋势。

其他植物源饲料：一些富含n-3 PUFAs的植物，如大麻籽、亚麻籽、微藻（heterotrophic microalgae，HMA）等，在生产n-3 PUFAs富集鸡蛋时，会影响鸡蛋的风味和香气。饲粮中添加亚麻籽1%～2%，不影响鸡蛋的感官性状，而高添加量（10%～20%）会产生异味鸡蛋，比如鱼腥味或类似油漆味。饲喂含等量n-3 PUFAs（4%）的亚麻籽或鱼油饲粮，亚麻籽组鸡蛋的风味显著优于鱼油组。鸡蛋中油酸、n-3 PUFAs、γ-亚麻酸和硬脂酸等脂肪酸与风味相关。蛋黄中油酸的含量越大鸡蛋的风味越差，n-3 PUFAs、γ-亚麻酸和硬脂酸的含量越高其风味越好。而大麻籽及其油中，对鸡蛋风味不利的油酸等脂肪酸含量较少。有研究报道，蛋鸡饲粮中添加大麻籽或其油，鸡蛋带有甜味，4%的大麻籽组鸡蛋甜味较小，20%的甜味最大，可能是大麻籽或其油改变了蛋清与蛋黄的比例。有研究报道，蛋黄与蛋清比例为58∶42的鸡蛋比10∶90的鸡蛋更甜。有研究表明，含较低含量n-3 PUFAs（0.5%）的饲粮能增加鸡蛋的甜度，但高含量（8.0%）无此作用。此外，亚麻籽等植物源饲料的加工形式（完整或去皮），脂肪酸含量和组成等均影响鸡蛋风味。蛋鸡饲粮中添加2.0% HMA生产的鸡蛋感官性状良好，添加4.8%HMA生产的鸡蛋未见引起鸡蛋异味；而从HMA中提取的油添加于饲粮中时，鸡蛋的风味下降。这可能是由于提取后，油暴露于氧气中，降低了脂肪的稳定性，而HMA细胞膜成了脂肪的天然保护膜。另外，类胡萝卜素在HMA的提取炼制时可能会丢失。

抗氧化剂：产蛋鸡饲粮中添加维生素E、维生素C能够降低蛋黄过氧化值，减少鸡蛋的异味。蛋黄的脂质氧化产物主要是饲料氧化产物的直接沉积，在储存过程中，鸡蛋脂质未进一步氧化。因此，维生素E主要防止饲粮中脂肪酸的氧化，改善鸡蛋风味。10IU/kg维生素E可使蛋鸡饲料中亚麻籽最大添加量由10%提高到20%，且鸡蛋不含异味；但较高水平的维生素E（100IU/kg）却导致鸡蛋产生异味，可能是因为维生素E在低含量时具有抗氧化作用，而高含量则表现促氧化作用。

（二）改善鸡蛋风味的饲料配方

目前，改善鸡蛋风味的有效途径为营养调控和育种，就如何从育种方面改善鸡蛋风味的研究较少，而通过营养调控的手段是短期内效果最显著的措施。产蛋鸡饲粮中前体物质添加量的控制和在饲粮中添加抗氧化剂为改善鸡蛋风味的主要营养调控手段。研究表明，不同品种、产地、质量和添加形式（普通鱼油、微囊鱼油）的鱼油和鱼粉破坏鸡蛋风味的添加量不同。因此，研究者需逐一确定具体饲料原料破坏鸡蛋风味的最小添加量，从而指导实际生产。产蛋鸡饲粮中添加适量的维生素E和一些植物提取物等抗氧化剂能显著减少饲粮中脂肪的氧化，提高鸡蛋的氧化稳定性，改善鸡蛋风味。此外，添加一些植物或植物提取物（牛至、百里香、姜黄和迷迭香）能显著提高鸡蛋的氧化稳定性，改善鸡蛋风味。添加1.0%牛至、1.0%迷迭香或0.5%~1.0%姜黄于蛋鸡饲粮中，能显著降低蛋黄中的丙二醛含量，改善鸡蛋风味。姜黄通过提高抗氧化酶活性降低蛋黄过氧化值，而迷迭香提取物则可减慢鸡蛋的脂肪氧化速度，提高鸡蛋的感官品质。将迷迭香提取物添加于富含n-3PUFAs的饲粮中能够消除不饱和脂肪酸对鸡蛋的不良影响。

四、饲料质量对鸡蛋营养强化的影响

鸡蛋的全部物质来源于饲料，反过来饲料成分的改变也必然直接或间接影响鸡蛋的品质。在饲料中增加维生素A、维生素D或B族维生素均可使它们在鸡蛋中的相应含量得到提高。鸡蛋中的铁、铜、碘、锰和钙等微量元素的含量也因其在饲粮中含量的变化而有相应改变。对于商品蛋，鸡蛋中的维生素和微量元素的含量影响其食用价值。当前，国内外涌现出各种功能性鸡蛋，这些功能性鸡蛋均

第三章
禽蛋的品质及影响因素分析

是通过改变饲粮成分来实现其营养价值的,其实现方法主要是在蛋鸡的饲粮中添加不同种类的饲料添加成分。如果能在饲料中添加功能性成分,使鸡蛋具有生理调节和疾病预防的功能,增强其营养价值,就能成为一种可供各类人食用的新型食品,这样既能提升其价值,又能扩大消费量。因此,开发富有营养、多功能的禽蛋产品成为我国畜牧工作者的重要任务之一。目前,我国市场上已有叶黄素强化鸡蛋、$\omega-3$多不饱和脂肪酸营养强化鸡蛋、降低胆固醇鸡蛋等产品。

叶黄素强化鸡蛋:叶黄素强化鸡蛋是通过给蛋鸡饲喂含叶黄素的饲料而生产出的叶黄素含量达到要求的鸡蛋。饲料中的叶黄素主要是从万寿菊中提取出来的,万寿菊的鲜花中含有丰富的天然叶黄素,具有抗氧化、稳定性强、无毒害、安全性高的特点。鸡蛋蛋黄中含有的不饱和脂肪酸是一个完美的运载工具,可以运载叶黄素和脂溶性类胡萝卜素。经调查显示,普通鲜鸡蛋的总类胡萝卜素约在0.6~0.7毫克/100克,叶黄素一般占总类胡萝卜素的一半,约为0.35毫克/100克。生物转化强化营养素的农产品专家认为,叶黄素强化鸡蛋中的叶黄素应比普通的产品高30%左右,由此计算叶黄素强化鸡蛋的叶黄素含量约为0.455毫克/100克。2009年,欧盟食品安全局(EFSA)评估的叶黄素健康声称草案认为,每天至少摄入6毫克叶黄素可维持眼睛健康;若参考加拿大对微量元素富集的营养声称计算可得,每日摄入的鸡蛋应提供1.5毫克的叶黄素;若按马来西亚对微量元素强化标准来看,鸡蛋中的叶黄素则应为1.8毫克/100克。根据国外的文献报道,叶黄素添加剂按最大添加剂量在蛋鸡日粮中添加80毫克/千克,摄入玉米—小麦—豆粕型日粮时蛋中平均能沉积1.61毫克/100克的叶黄素,摄入玉米—豆粕型日粮时可沉积1.9毫克/100克叶黄素;在玉米—豆粕型日粮中加入80毫克/升的叶黄素添加剂,饲喂40天后采集鸡蛋,测定单枚鸡蛋的叶黄素,在鸡蛋中能稳定沉积约1毫克/100克的叶黄素。中国市场上目前的叶黄素强化鸡蛋产品中的叶黄素含量有0.704毫克/100克、1.6毫克/100克、2.0毫克/100克等几种,而阿联酋叶黄素强化鸡蛋含有1.67毫克/100克的叶黄素。

$\omega-3$多不饱和脂肪酸营养强化鸡蛋:自20世纪90年代后期以来,通过在饲料中添加亚麻籽生产所得的$\omega-3$多不饱和脂肪酸营养强化鸡蛋已在许多国家上市。关于饲料中添加亚麻籽对于蛋鸡生产性能和鸡蛋品质的研究结果报道不一。有研究发现,通过添加亚麻籽发现蛋重下降,而其他研究观察表明没有变化,甚至蛋重会有所增加。有研究发现,饲料中补充亚麻籽后,蛋鸡产蛋量存在减少、增加

第三章
禽蛋的品质及影响因素分析

或者保持不变的情况。目前，无法对这些差异作出明确的解释，它们可能归因于蛋鸡周龄、蛋鸡品种、试验设计、饲料营养组成之间的差异。但是，亚麻籽中含有抗营养因子，可能会导致营养素的消化和吸收受到影响，这也可能是产蛋量或蛋重下降的原因。相关研究报道，日粮中添加亚麻籽后，蛋黄中ALA（α-亚麻酸）水平与亚麻籽添加水平有剂量效应。此外，DHA含量也会增加，但与ALA相比增幅较小，并且与亚麻籽添加水平没有线性关系。可见在蛋鸡体内ALA是能够转化为DHA的。但与人体情况相似，这种转化在蛋鸡体内相当有限，这是由于参与ALA转化的去饱和酶活性较低造成的。姜黄素是一种天然的功能性添加剂，可用在动物饲料中。姜黄素是从植物姜黄中提取的，具有抗菌、抗氧化、抗炎和免疫刺激特性，还具有热稳定性。有研究报道，在绵羊的饮食中添加姜黄素会增加羊奶中PUFA的浓度，降低SFA浓度，并增加羊奶的抗氧化能力，对消费者的健康具有积极作用。还有研究发现，姜黄素对蛋黄中DHA富集有一定的促进作用，当蛋鸡饲料中添加30毫克/千克的姜黄素，3周后蛋黄中的DHA含量可由1.50克/千克提高到2.90克/千克。奇亚籽富含蛋白质、PUFA、膳食纤维、维生素、微量元素等，具有较好的营养价值与功能作用，如降低血糖、降低胆固醇水平、预防炎症、预防细菌感染、降低心血管疾病风险、减轻体重、改善肠道菌群等,逐渐受到消费者的关注。与其他油籽相比,奇亚籽是ALA的良好来源,约占63.79%,约高于亚麻籽10%。因此,奇亚籽被认为是一种自然优质的 ω-3多不饱和脂肪酸的来源,在人体健康中扮演着非常重要的角色。目前,对于奇亚籽的研究更多的是关注其功能成分的测定与健康产品的开发,对于利用其优质ALA应用于DHA营养强化鸡蛋的生产中研究是有限的,通过在日粮中添加不同水平的奇亚籽对蛋鸡生产性能、鸡蛋品质的影响进行探究与评价,并对蛋黄中脂肪酸的组成与富集规律进行探究,对蛋黄中DHA富集效率进行评价,结果发现,添加较低水平的奇亚籽不仅能够保证蛋鸡生产性能与鸡蛋的品质,还能够保证以较高的DHA沉积效率提高鸡蛋中DHA的含量。

降低胆固醇鸡蛋:蛋黄中含有丰富的磷脂,供大脑和神经组织的生长和健康发育。鸡蛋中所有卵磷脂均来自蛋黄,卵磷脂可以供给胆碱,用于乙酰胆碱的合成,加快神经细胞和大脑细胞间信息传递的速度,增加记忆力,预防老年性痴呆。磷脂还可以分解过高的血脂和过高的胆固醇,清扫血管,使血管循环顺畅,因此蛋黄中磷脂的含量是评价鸡蛋优劣的重要指标之一。饲粮中添加一定水平的大豆磷脂可改善产蛋鸡的生产性能，提高鸡蛋中总磷脂和磷脂酰胆碱含量。在日粮中添加微量元素能降低鸡蛋胆固醇水平，如铜能降低血浆总胆固醇和低密度脂蛋白，铬能降低蛋黄胆固醇的质量分数和血清总胆固醇，钒能抑制鸡肝脏内胆固醇的合成，降低血浆中胆固醇的含量。日粮是影响鸡蛋胆固醇含量的重要因素，添加4%壳聚糖可以降低蛋黄胆固醇含量。壳聚糖在动物体内可以吸附脂类，这是因为壳聚糖在胃内与胃酸形成凝胶，这种凝胶可以吸附胆汁酸和胆固醇，并通过粪便排出体外从而降低血液中胆固醇含量。脱脂大豆不仅能提高产蛋率、增加蛋重，而且能使蛋黄胆固醇含量由11.3毫克/克降为10.1毫克/克，葵花籽（富含n-6系列脂肪酸）+亚麻籽（富含n-3系列不饱和脂肪酸）能显著降低蛋黄胆固醇含量。研究表明，可溶性纤维和苜蓿粉都可降低胆固醇含量。

第四章

禽蛋的营养和健康功效分析

一、禽蛋的结构特点

蛋类的结构基本相似，主要由蛋壳、蛋清和蛋黄三部分组成。蛋壳位于蛋的最外层，在蛋壳最外面有一层水溶性胶状黏蛋白，对防止微生物进入蛋内和蛋内水分及二氧化碳过度向外蒸发起保护作用。当蛋被产下来时，这层膜即附着在蛋壳的表面，外观无光泽，呈霜状，根据此特征，可鉴别蛋的新鲜程度。如蛋外表面呈霜状，无光泽而清洁，表明蛋是新鲜的；如无霜状物，且油光发亮不清洁，说明蛋已不新鲜。由于这层膜是水溶性的，在储存时要防潮，不能水洗或雨淋，否则会很快变质腐败。蛋清位于蛋壳与蛋黄之间，主要是卵白蛋白，遇热或碱、醇类发生凝固，遇氯化物或某些化学物质，浓厚的蛋白则水解为水样的稀薄物。根据这种性质，蛋可加工成松花蛋和咸蛋。蛋黄呈球形，由两根系带固定在蛋的中心。随着保管

第四章
禽蛋的营养和健康功效分析

时间的延长和外界温度升高,系带逐渐变细,最后消失,蛋黄随系带变化,逐渐上浮贴壳,由此也可鉴别蛋的新鲜程度。

蛋壳重量约占整个鸡蛋的11%~13%,蛋黄和蛋清的比例因鸡蛋大小而略有差别,鸡蛋大则蛋黄比例较小,一般蛋黄约占可食部分的三分之一,蛋壳主要由93%~96%的碳酸钙、0.5%~1.0%的碳酸镁、0.5%~2.8%的磷酸钙和磷酸镁以及少量黏多糖组成,其质量和厚度与饲料中的微量元素含量,特别是钙含量密切相关。此外,蛋壳厚度与其表面色素沉积有关,色素含量高则蛋壳厚。

蛋白膜和内蛋壳膜紧密相连,由角质蛋白纤维交织成坚韧的网状结构,微生物不能直接通过蛋白膜进入蛋内。蛋白膜内为蛋清,为白色半透明黏性溶胶状物质。蛋清分为三层:外层稀蛋清、中层浓蛋清和内层稀蛋清。外层稀蛋清水分含量为89%,中层浓蛋清水分含量为84%,内层稀蛋清水分含量为86%。蛋黄为浓稠、不透明、半流动黏稠物,由鸡蛋钝端和尖端两侧的蛋黄系带固定在内层稀蛋清和浓蛋清之中。系带呈螺旋结构,鸡蛋尖端系带为右旋,钝端系带为左旋。蛋黄系带是一种卵黏蛋白,其中含葡萄糖胺11.4%、水分82%,并含有较多溶菌酶。蛋黄由无数富含脂肪的球形微胞所组成,外被蛋黄膜包裹。蛋黄膜厚度约为16微米，结构类似蛋白膜，但更为细致严密，具有一定弹性。蛋黄膜中87%为蛋白质，主要是糖蛋白，10%为糖，其余3%为脂类。蛋黄膜中所含疏水氨基酸较多，因而表现出一定的不溶性。蛋黄内最中心处为白色的卵黄心，周围为互相交替的深色蛋黄层和浅色蛋黄层（胚盘）。蛋黄上侧表面的中心部分有一个2~3毫米直径的白色小圆点，称为胚胎。

新鲜鸡蛋清pH值为7.6~8.0，蛋黄pH值为6.0~6.6。鲜蛋打开后三层蛋清层次分明，蛋黄系带清晰完整。随着储藏时间的延长，pH值逐渐上升，浓蛋清部分逐渐变稀，蛋黄系带消失，蛋黄从中央移开，蛋黄膜弹性减弱甚至破裂。

二、禽蛋的主要营养成分

禽蛋营养丰富、味道鲜美、易于烹调，是我们餐桌上常见的食物。常吃的禽蛋有鸡蛋、鸭蛋、鹅蛋和鹌鹑蛋，其中鸡蛋产量最大，食用最普遍，约占禽蛋总量的80%以上。蛋类的营养素含量不仅丰富，而且质量也很好，是一类营养价值较高的食品。

从营养的角度来看，鸡蛋、鸭蛋、鹅蛋、鹌鹑蛋等禽

第四章 禽蛋的营养和健康功效分析

蛋的营养成分差别不大,均含有丰富全面的营养,是营养价值较高的食物(见表4-1)。以鸡蛋为例,鸡蛋中含有丰富的优质蛋白质,其蛋白质含量为13%左右,脂肪含量为10%~15%,碳水化合物含量较低,约为1.5%;维生素含量丰富,种类较为齐全,包括所有的B族维生素、维生素A、维生素D、维生素E、维生素K、微量的维生素C;微量元素含量为1.0%~1.5%,其中以磷、钙、铁、锌含量较高。鸡蛋所含有的脂肪、维生素和微量元素主要集中在蛋黄。禽蛋蛋白质的营养价值很高,优于其他动物性蛋白质。这是因为禽蛋蛋白质中氨基酸组成与人体所需最接近,蛋白质的利用率也最高。每100克鸡蛋含13克蛋白质,两颗鸡蛋所含的蛋白质大致相当于50克鱼或瘦肉的蛋白质。

表4-1 不同蛋类的营养成分

鸡蛋(均值)可食比例:88%					
营养素	含量	营养素	含量	营养素	含量
热量(千卡)	144	硫胺素(毫克)	0.11	钙(毫克)	56
蛋白质(克)	13.3	核黄素(毫克)	0.27	镁(毫克)	10
脂肪(克)	8.8	烟酸(毫克)	0.2	铁(毫克)	2
碳水化合物(克)	2.8	维生素C(毫克)	0	锰(毫克)	0.04
膳食纤维(克)	0	维生素E(毫克)	1.84	锌(毫克)	1.1
维生素A(微克)	234	胆固醇(毫克)	0	铜(毫克)	0.15
胡萝卜素(微克)	1	钾(毫克)	154	磷(毫克)	130
视黄醇当量(微克)	74.1	钠(毫克)	131.5	硒(微克)	14.34

续表

鸡蛋（白皮）可食比例：87%					
营养素	含量	营养素	含量	营养素	含量
热量（千卡）	138	硫胺素（毫克）	0.09	钙（毫克）	48
蛋白质（克）	12.7	核黄素（毫克）	0.31	镁（毫克）	14
脂肪（克）	9	烟酸（毫克）	0.2	铁（毫克）	2
碳水化合物（克）	1.5	维生素C（毫克）	0	锰（毫克）	0.03
膳食纤维（克）	0	维生素E（毫克）	1.23	锌（毫克）	1
维生素A（微克）	310	胆固醇（毫克）	585	铜（毫克）	0.06
胡萝卜素（微克）	1	钾（毫克）	98	磷（毫克）	176
视黄醇当量（微克）	75.8	钠（毫克）	94.7	硒（微克）	16.55

鸡蛋（红皮）可食比例：88%					
营养素	含量	营养素	含量	营养素	含量
热量（千卡）	156	硫胺素（毫克）	0.13	钙（毫克）	44
蛋白质（克）	12.8	核黄素（毫克）	0.32	镁（毫克）	11
脂肪（克）	11.1	烟酸（毫克）	0.2	铁（毫克）	2.3
碳水化合物（克）	1.3	维生素C（毫克）	0	锰（毫克）	0.04
膳食纤维（克）	0	维生素E（毫克）	2.29	锌（毫克）	1.01
维生素A（微克）	194	胆固醇（毫克）	585	铜（毫克）	0.07
胡萝卜素（微克）	1	钾（毫克）	121	磷（毫克）	182
视黄醇当量（微克）	73.8	钠（毫克）	125.7	硒（微克）	14.98

鸡蛋（土鸡）可食比例：88%					
营养素	含量	营养素	含量	营养素	含量
热量（千卡）	138	硫胺素（毫克）	0.12	钙（毫克）	76
蛋白质（克）	14.4	核黄素（毫克）	0.19	镁（毫克）	5
脂肪（克）	6.4	烟酸（毫克）	0	铁（毫克）	1.7
碳水化合物（克）	5.6	维生素C（毫克）	0	锰（毫克）	0.06

第四章 禽蛋的营养和健康功效分析

续表

鸡蛋(土鸡) 可食比例: 88%					
膳食纤维(克)	0	维生素E(毫克)	1.36	锌(毫克)	1.28
维生素A(微克)	199	胆固醇(毫克)	1338	铜(毫克)	0.32
胡萝卜素(微克)	1	钾(毫克)	244	磷(毫克)	33
视黄醇当量(微克)	72.6	钠(毫克)	174	硒(微克)	11.5

鸡蛋白 可食比例: 100%					
营养素	含量	营养素	含量	营养素	含量
热量(千卡)	60	硫胺素(毫克)	0.04	钙(毫克)	9
蛋白质(克)	11.6	核黄素(毫克)	0.31	镁(毫克)	15
脂肪(克)	0.1	烟酸(毫克)	0.2	铁(毫克)	1.6
碳水化合物(克)	3.1	维生素C(毫克)	0	锰(毫克)	0.02
膳食纤维(克)	0	维生素E(毫克)	0.01	锌(毫克)	0.02
维生素A(微克)	0	胆固醇(毫克)	0	铜(毫克)	0.05
胡萝卜素(微克)	0.8	钾(毫克)	132	磷(毫克)	18
视黄醇当量(微克)	84.4	钠(毫克)	79.4	硒(微克)	6.97

鸡蛋黄 可食比例: 100%					
营养素	含量	营养素	含量	营养素	含量
热量(千卡)	328	硫胺素(毫克)	0.33	钙(毫克)	112
蛋白质(克)	15.2	核黄素(毫克)	0.29	镁(毫克)	41
脂肪(克)	28.2	烟酸(毫克)	0.1	铁(毫克)	6.5
碳水化合物(克)	3.4	维生素C(毫克)	0	锰(毫克)	0.06
膳食纤维(克)	0	维生素E(毫克)	5.06	锌(毫克)	3.79
维生素A(微克)	438	胆固醇(毫克)	1510	铜(毫克)	0.28
胡萝卜素(微克)	1.7	钾(毫克)	95	磷(毫克)	240
视黄醇当量(微克)	51.5	钠(毫克)	54.9	硒(微克)	27.01

续表

鸭蛋 可食比例：87%					
营养素	含量	营养素	含量	营养素	含量
热量（千卡）	180	硫胺素（毫克）	0.17	钙（毫克）	62
蛋白质（克）	12.6	核黄素（毫克）	0.35	镁（毫克）	13
脂肪（克）	13	烟酸（毫克）	0.2	铁（毫克）	2.9
碳水化合物（克）	3.1	维生素C（毫克）	0	锰（毫克）	0.04
膳食纤维（克）	0	维生素E（毫克）	4.98	锌（毫克）	1.67
维生素A（微克）	261	胆固醇（毫克）	565	铜（毫克）	0.11
胡萝卜素（微克）	1	钾（毫克）	135	磷（毫克）	226
视黄醇当量（微克）	70.3	钠（毫克）	106	硒（微克）	15.68

鸭蛋白 可食比例：100%					
营养素	含量	营养素	含量	营养素	含量
热量（千卡）	47	硫胺素（毫克）	0.01	钙（毫克）	18
蛋白质（克）	9.9	核黄素（毫克）	0.07	镁（毫克）	21
脂肪（克）	0	烟酸（毫克）	0.1	铁（毫克）	0.1
碳水化合物（克）	1.8	维生素C（毫克）	0	锰（毫克）	0
膳食纤维（克）	0	维生素E（毫克）	0.16	锌（毫克）	0
维生素A（微克）	23	胆固醇（毫克）	0	铜（毫克）	0.08
胡萝卜素（微克）	0.6	钾（毫克）	84	磷（毫克）	0
视黄醇当量（微克）	87.7	钠（毫克）	71.2	硒（微克）	4

鸭蛋黄 可食比例：100%					
营养素	含量	营养素	含量	营养素	含量
热量（千卡）	378	硫胺素（毫克）	0.28	钙（毫克）	123
蛋白质（克）	14.5	核黄素（毫克）	0.62	镁（毫克）	22
脂肪（克）	33.8	烟酸（毫克）	0	铁（毫克）	4.9
碳水化合物（克）	4	维生素C（毫克）	0	锰（毫克）	0.1

第四章 禽蛋的营养和健康功效分析

续表

鸭蛋黄 可食比例: 100%					
膳食纤维（克）	0	维生素E（毫克）	12.72	锌（毫克）	3.09
维生素A（微克）	1980	胆固醇（毫克）	1576	铜（毫克）	0.16
胡萝卜素（微克）	2.8	钾（毫克）	86	磷（毫克）	55
视黄醇当量（微克）	44.9	钠（毫克）	30.1	硒（微克）	25
松花蛋（鸭蛋）（皮蛋）可食比例: 90%					
营养素	含量	营养素	含量	营养素	含量
热量（千卡）	171	硫胺素（毫克）	0.06	钙（毫克）	63
蛋白质（克）	14.2	核黄素（毫克）	0.18	镁（毫克）	13
脂肪（克）	10.7	烟酸（毫克）	0.1	铁（毫克）	3.3
碳水化合物（克）	4.5	维生素C（毫克）	0	锰（毫克）	0.06
膳食纤维（克）	0	维生素E（毫克）	3.05	锌（毫克）	1.48
维生素A（微克）	215	胆固醇（毫克）	608	铜（毫克）	0.12
胡萝卜素（微克）	2.2	钾（毫克）	152	磷（毫克）	165
视黄醇当量（微克）	68.4	钠（毫克）	542.7	硒（微克）	25.24
咸鸭蛋 可食比例: 88%					
营养素	含量	营养素	含量	营养素	含量
热量（千卡）	190	硫胺素（毫克）	0.16	钙（毫克）	118
蛋白质（克）	12.7	核黄素（毫克）	0.33	镁（毫克）	30
脂肪（克）	12.7	烟酸（毫克）	0.1	铁（毫克）	3.6
碳水化合物（克）	6.3	维生素C（毫克）	0	锰（毫克）	0.1
膳食纤维（克）	0	维生素E（毫克）	6.25	锌（毫克）	1.74
维生素A（微克）	134	胆固醇（毫克）	647	铜（毫克）	0.14
胡萝卜素（微克）	7	钾（毫克）	184	磷（毫克）	231
视黄醇当量（微克）	61.3	钠（毫克）	2706.1	硒（微克）	24.04

续表

鹅蛋 可食比例：87%

营养素	含量	营养素	含量	营养素	含量
热量（千卡）	196	硫胺素（毫克）	0.08	钙（毫克）	34
蛋白质（克）	11.1	核黄素（毫克）	0.3	镁（毫克）	12
脂肪（克）	15.6	烟酸（毫克）	0.4	铁（毫克）	4.1
碳水化合物（克）	2.8	维生素C（毫克）	0	锰（毫克）	0.04
膳食纤维（克）	0	维生素E（毫克）	4.5	锌（毫克）	1.43
维生素A（微克）	192	胆固醇（毫克）	704	铜（毫克）	0.09
胡萝卜素（微克）	1.2	钾（毫克）	74	磷（毫克）	130
视黄醇当量（微克）	69.3	钠（毫克）	90.6	硒（微克）	27.24

鹅蛋白 可食比例：100%

营养素	含量	营养素	含量	营养素	含量
热量（千卡）	48	硫胺素（毫克）	0.03	钙（毫克）	4
蛋白质（克）	8.9	核黄素（毫克）	0.04	镁（毫克）	9
脂肪（克）	0	烟酸（毫克）	0.3	铁（毫克）	2.8
碳水化合物（克）	3.2	维生素C（毫克）	0	锰（毫克）	0
膳食纤维（克）	0	维生素E（毫克）	0.34	锌（毫克）	0.1
维生素A（微克）	7	胆固醇（毫克）	0	铜（毫克）	0.05
胡萝卜素（微克）	0.7	钾（毫克）	36	磷（毫克）	11
视黄醇当量（微克）	87.2	钠（毫克）	77.3	硒（微克）	8

鹅蛋黄 可食比例：100%

营养素	含量	营养素	含量	营养素	含量
热量（千卡）	324	硫胺素（毫克）	0.06	钙（毫克）	13
蛋白质（克）	15.5	核黄素（毫克）	0.59	镁（毫克）	10
脂肪（克）	26.4	烟酸（毫克）	0.6	铁（毫克）	2.8
碳水化合物（克）	6.2	维生素C（毫克）	0	锰（毫克）	0

第四章
禽蛋的营养和健康功效分析

续表

鹅蛋黄 可食比例：100%					
膳食纤维（克）	0	维生素E（毫克）	95.7	锌（毫克）	1.59
维生素A（微克）	1977	胆固醇（毫克）	1696	铜（毫克）	0.25
胡萝卜素（微克）	1.8	钾（毫克）	0	磷（毫克）	51
视黄醇当量（微克）	50.1	钠（毫克）	24.4	硒（微克）	26
鹌鹑蛋 可食比例：86%					
营养素	含量	营养素	含量	营养素	含量
热量（千卡）	160	硫胺素（毫克）	0.11	钙（毫克）	47
蛋白质（克）	12.8	核黄素（毫克）	0.49	镁（毫克）	11
脂肪（克）	11.1	烟酸（毫克）	0.1	铁（毫克）	3.2
碳水化合物（克）	2.1	维生素C（毫克）	0	锰（毫克）	0.04
膳食纤维（克）	0	维生素E（毫克）	3.08	锌（毫克）	1.61
维生素A（微克）	337	胆固醇（毫克）	515	铜（毫克）	0.09
胡萝卜素（微克）	1	钾（毫克）	138	磷（毫克）	180
视黄醇当量（微克）	73	钠（毫克）	106.6	硒（微克）	25.48

说明：含量/食部
其中食部为每100克食品的可食部分
含量为100克食部（即可食部分）的营养素含量

（一）蛋白质

蛋类蛋白质含量一般在10%以上。鸡蛋蛋白质的含量为12%左右，蛋清中略低，蛋黄中较高，加工成咸蛋或松花蛋后，变化不大。鸭蛋的蛋白质含量与鸡蛋类似。蛋白质氨基酸组成与人体需要最接近，因此生物价也最高，达94%，是其他食物蛋白质的1倍左右。蛋白质中赖氨酸和蛋氨酸

| 065

含量较高,与谷类和豆类食物混合食用,可弥补其赖氨酸或蛋氨酸的不足。蛋中蛋白质还富含半胱氨酸,加热过度时,半胱氨酸部分分解产生硫化氢,与蛋黄中的铁结合可形成黑色的硫化铁。煮蛋中蛋黄表面的青黑色和鹌鹑蛋罐头的黑色物质来源于此。

日常食物中蛋白质含量:蔬菜1%~2%,牛乳3%,谷类8%,鱼类10%~12%,肉类16%~20%,豆类30%~40%。鸡蛋蛋白质含量较高,为11%~13%,仅次于肉类和豆类。一枚中等大小的鸡蛋(60克)含5~6克蛋白质,约占人体每日蛋白质摄入量参考值的12.6%。鉴于鸡蛋蛋白质中氨基酸组成和含量比例水平,其对人体的营养价值仅次于母乳。

(二)脂类

蛋清中脂肪含量极少,98%的脂肪存在于蛋黄当中。蛋黄中的脂肪几乎全部以与蛋白质结合的良好乳化形式存在,因而消化吸收率高。蛋黄中脂肪含量为28%~33%,其中中性脂肪含量占62%~65%,磷脂占30%~33%,固醇占4%~5%,还有微量脑苷脂类。蛋黄中性脂肪的脂肪酸中,以单不饱和脂肪酸油酸最为丰富,约占50%,亚油酸约占10%,其余主要是硬脂酸、棕榈酸和棕榈油酸,并含微量花生四烯酸。

一枚中等大小的鸡蛋约含5克脂肪，相当于中等脂肪含量的食物。其中58%~62%为不饱和脂肪酸，尤以亚油酸含量最为丰富。通过食用鸡蛋和蔬菜，全谷物和低脂牛奶，可降低饮食中的饱和脂肪含量。

一枚中等大小的鸡蛋约含250毫克胆固醇。放养产的鸡蛋其胆固醇含量不比笼养产的鸡蛋少，且烹饪不影响蛋中胆固醇的含量。研究表明，鸡蛋不会明显影响人体血液胆固醇水平，因此吃鸡蛋时，没有必要去除蛋黄。

人体不能合成ω-3多不饱和脂肪酸，而鸡蛋一般都含有这种脂肪酸，平均每枚鸡蛋约含30毫克，ω-3营养富集蛋含量更多，每枚100~600毫克。

鸡蛋中还富含磷脂，其中蛋黄素（卵磷脂）、脑磷脂和神经磷脂是构成体细胞和神经活动的重要物质，对人体生长发育十分重要。蛋黄是磷脂的极好来源，所含卵磷脂具有降低血胆固醇的效果，并能促进脂溶性维生素的吸收。鸡蛋中胆固醇含量极高，主要集中在蛋黄，加工成咸蛋或松花蛋后，胆固醇含量无明显变化。

（三）碳水化合物

鸡蛋当中碳水化合物含量极低，大约为1%，分为两种状态存在，一部分与蛋白质相结合而存在，含量为0.5%左右；另一部分呈游离存在，主要为葡萄糖。这些微量的葡萄糖是蛋粉制作中发生美拉德反应的原因之一，因此生产上在干燥工艺之前采用葡萄糖氧化酶除去蛋中的葡萄糖，使其在加工储藏过程中不发生褐变。

（四）微量元素

蛋中的微量元素主要存在于蛋黄部分，蛋清部分含量较低。蛋黄中含微量元素1.0%～1.5%，其中磷最为丰富，约为240毫克/100克，钙约为112毫克/100克。

蛋黄是多种微量元素的良好来源，包括铁、硫、镁、钾、钠等。蛋中所含铁元素较高，但以非血红素铁形式存在。由于卵黄高磷蛋白对铁的吸收具有干扰作用，故而蛋黄中铁的生物利用率较低，仅为3%左右。钙是构成骨骼和牙齿硬组织的主要元素，也是血液、神经和肌肉中必不可少的成分。一枚中等大小的鸡蛋可提供26毫克的钙，大部分钙都在蛋黄里，是人体每日钙参考值的2.6%。蛋壳主要是由碳酸钙（94%）和少量碳酸镁、磷酸钙组成，含钙约2毫克。相对于其他食物，鸡蛋中铁含量较高，易被吸收，利用率约为100%。蛋黄是婴幼儿及贫血患者补充铁的最佳食物。

第四章 禽蛋的营养和健康功效分析

（五）维生素

鸡蛋中维生素的含量十分丰富，且品种较为完全，包括所有的B族维生素、维生素A、维生素D、维生素E、维生素K和微量的维生素C。其中绝大部分的维生素A、维生素D、维生素E和大部分维生素B_1都存在于蛋黄当中。鸭蛋和鹅蛋的维生素含量总体而言高于鸡蛋。此外，鸡蛋中的维生素含量也受到品种、季节和饲料中成分的影响。

鸡蛋中还含有胆碱。胆碱是维持细胞正常功能不可或缺的物质，研究表明，在胎儿发育时期供给足量的胆碱可提高胎儿的记忆能力。蛋黄是胆碱的重要来源，一个中等大小的蛋黄含100毫克以上的胆碱，是给孕妇提供胆碱的理想食物之一。

鸡蛋、鸭蛋、鹅蛋是我们日常生活中最常吃的三种禽蛋。从价格上来看，鸡蛋是最便宜的，鸭蛋稍贵一些，而鹅蛋的价格最贵。是不是价格越高，越有营养呢？本书将会对此进行对比分析（见表4-2）。

每100克的煮鸡蛋中含12.1克蛋白质、10.5克脂肪、0.1克碳水化合物，能提供151千卡能量，另外还含有少量维生素B_1、维生素B_2、35毫克钙、206毫克磷、130毫克钾及130毫克钠。

每100克鸭蛋能提供180千卡能量,含蛋白质12.6克、脂肪13克、碳水化合物3.1克、胆固醇565毫克、维生素A 261微克视黄醇当量、维生素B_1 0.17毫克、维生素B_2 0.35毫克、维生素E 4.98毫克、钙62毫克、磷226毫克,钾135毫克、钠106毫克、镁13毫克、铁2.9毫克。

每100克水煮鹅蛋中蛋白质、脂肪、碳水化合物含量分别为12.7克、13.6克、1.0克,相应提供的能量也有所增加,约为182千卡。相比之下,水煮鹅蛋微量元素含量除钙含量略多外,磷、钾及钠含量均低于水煮鸡蛋。但鹅蛋中维生素A含量显著高于鸡蛋,达到174微克视黄醇当量。

表4-2 鸡蛋、鸭蛋、鹅蛋主要营养素含量比较(每100克可食部)

主要营养	鸡蛋	鸭蛋	鹅蛋
能量(千卡)	151	180	182
蛋白质(克)	12.1	12.6	12.7
脂肪(克)	10.5	13.0	13.6
碳水化合物(克)	0.1	3.1	1.0

综上所述,从鸡蛋、鸭蛋和鹅蛋的营养价值来分析,并没有太大的差距,而且各有各的优势,所以不能明确说究竟吃哪一种营养价值最高。

三、禽蛋的健康功效

（一）禽蛋是优质蛋白质的来源

蛋白质约占人体全部质量的16%~18%，被认为是生命中最重要的物质基础。蛋白质是人体的主要构成物质，人体内所有的细胞中都含有蛋白质，儿童的生长发育离不开蛋白质，酶、激素、免疫因子等的合成也需要蛋白质。由此可见，蛋白质当之无愧是生命中最重要的物质。

人体缺乏蛋白质会对健康产生危害，甚至危及生命。膳食中长期缺乏蛋白质会使婴幼儿生长发育迟缓，智力发育不良；成人可出现消瘦、贫血、易疲劳、抵抗力低、创伤及疾病康复缓慢等，严重缺乏时还可产生营养性水肿甚至引起死亡。所以在日常饮食中应注意适当食用蛋白质丰富的食品。

鸡蛋就是最好的优质蛋白质来源，一个中等大小的鸡蛋（50克）可提供6克左右的优质蛋白质。营养专家在评估蛋白质是否优质时，主要看其中的氨基酸和人体需求是否接近。因为，人体需要新陈代谢，老人需要存储肌肉，小孩需要生长发育，人体中的细胞更新需要原材料，身体需要抗体、大脑需要信号、消化需要酶，氨基酸模式越接近人体需求模式，说明这些食物中的蛋白质越优质。鸡蛋的蛋白质含量为11%~13%，含有人体的所有必需的氨基酸，并且其氨基酸组成与人体接近，是各种食物中蛋白质生物价最高的，常被作为参考蛋白。

一枚鸡蛋中蛋白质的含量就相当于25克鱼或者瘦肉中的蛋白质含量，更关键的是鸡蛋的蛋白质消化吸收要比猪肉、牛肉等动物来源的都高，也就是蛋白质的利用更佳。

（二）禽蛋有助于认知水平的提升

蛋白质约占人脑干重量的50%，脑在代谢过程中需要大量的蛋白质来进行自我更新，而某些氨基酸在神经传导中起着介质作用。神经系统的功能与摄入蛋白质的质和量有密切的关系，蛋白质的质与量的改变可明显影响大脑皮层的兴奋与抑制过程。鸡蛋中的蛋白质是优质蛋白质，氨基酸种类齐全且比例合适，常吃鸡蛋可以为大脑发育提供充足的蛋白质。

鸡蛋中含有较为丰富的二十二碳六烯酸（DHA）和二十碳五烯酸（EPA），DHA和EPA具有促进大脑发育和维持视力健康的作用。所以，处于生长发育和学习中的儿童应该经常吃鸡蛋。

鸡蛋蛋黄中含有丰富的磷脂和胆碱。卵磷脂是一种常见的磷脂甘油酯，是构成脑神经组织、脑脊髓的主要成分，在大脑神经元中的含量占五分之一，被世界卫生组织列为每天应补充的营养素之一。对于学龄前儿童来说，经常补充卵磷脂，具有健脑益智、促进大脑发育的作用。蛋黄中丰富的胆碱成分，能促进大脑发育，有益大脑功能。同时，胆碱对提高记忆力、反应力都有帮助。

此外，鸡蛋含有的维生素A是构成视觉细胞的重要成分，并维持着上皮组织的结构完整与健全，还能促进脑组织和全身的正常发育。儿童如果长期维生素A不足，可能使大脑发育迟缓，导致智力低下，骨骼也会发育不良。

（三）禽蛋与心血管疾病的关系

鸡蛋中含有较多的胆固醇，主要集中在蛋黄中。每100克鸡蛋中含有胆固醇585毫克，每100克蛋黄中含有胆固醇1510毫克。由于担心鸡蛋当中的胆固醇含量太高，会引起人们心血管疾病等问题，很多心血管疾病患者经常会谈"蛋"色变，把鸡蛋从自己的食谱中删除。

其实，人体中的胆固醇并不都是吃进去的，近75%是通过肝脏自身合成的，只有约25%是食物带来的。因此，对正常人而言，代谢没有问题，吃点鸡蛋并不会导致胆固醇偏高。更何况，机体的正常运行也离不开适量的胆固醇。

2018年，北京大学公共卫生学院的李立明教授团队在国际著名期刊 *Heart* 上，发表了一篇名叫《中国51万成人队列中摄入禽蛋于心血管疾病的关联研究》的文章。研究报告通过对中国5个农村和5个城市地区的512891名对象（30～79岁）进行调查和9年随访，发现每天吃1个鸡蛋的人比从来不吃蛋或者很少吃蛋的人更不容易得心血管疾病。科学家研究发现，鸡蛋中虽含有较多的胆固醇，但同时也含有丰富的卵磷脂。卵磷脂进入血液后，会使胆固醇和脂肪的颗粒变小，并使之保持悬浮状态，从而阻止胆固醇和脂肪在血管壁的沉积。因此，胆固醇正常的人，每天吃一个鸡蛋，不会显著升高血液中的胆固醇，也不会造成血管硬化。但也不应多吃，吃得太多会影响其他食物的摄入，还会增加肝、肾负担。

2016年4月初，美国膳食咨询委员会颁布了最新的膳食指南，剔除每日不应摄取多于300毫克胆固醇的限制，消除了长久以来食用鸡蛋会引起高胆固醇、心血管疾病等的说法。

（四）禽蛋的营养强化与健康功效

近年来，国内外利用产蛋鸡高产、高转化率的特点，以及鸡蛋形成时间短、鸡蛋养分受饲料成分影响较大等特

第四章 禽蛋的营养和健康功效分析

性，通过在饲料中添加特殊物质，开发了多种新型营养保健蛋。例如，高维生素蛋、富硒蛋、高碘蛋、高叶酸蛋、ω-3多不饱和脂肪酸鸡蛋等。这类蛋的某种特定养分要高于普通鸡蛋，因而被人们称为营养强化鸡蛋或功能性鸡蛋。

功能性食品是指具有特定营养保健功能的食品，即适宜于特定人群食用，具有调节肌体功能但不以治疗为目的的食品。鸡蛋作为人们日常食用的高营养价值食品，也作为国内外功能性食品研究的重点，加拿大已经在市面上出售EPA、DHA、ω-3多不饱和脂肪酸等功能性鸡蛋，在日本，出售比较火热的功能性鸡蛋是维生素鸡蛋，如维生素A、维生素B、维生素D等功能性鸡蛋。

富硒蛋是采用在日粮、饮水或肌肉注射等方式添加微量元素硒，使蛋鸡血硒含量超过机体对硒的需要量，并通过主动运输向机体各组织、器官转移，使各组织中硒含量稳定至动态平衡；当细胞内谷胱甘肽含量正常时，硒易于穿过卵巢屏障，使得生殖系统中硒浓度较高，最终沉积到蛋中，使蛋硒含量升高。硒是谷胱甘肽过氧化物酶GSH-Px的活性中心，催化GSH清除过氧化氢，免受氧化损伤。富硒蛋具有抗氧化、保护细胞膜，维持细胞正常功能等优点。硒可以维持甲状腺正常机能，活化甲状腺激素，硒与碘同时缺乏可导致先天性甲状腺机能低下——呆小症，食用富硒蛋还具有调节甲状腺功能和碘代谢的作用。

强化叶黄素的功能性鸡蛋有助于防止白内障、斑点恶化等；强化叶酸的功能性鸡蛋适合孕妇吃，可防止新生儿神经管畸形的发生；强化ω-3多不饱和脂肪酸的鸡蛋有助于防止心血管疾病的发生。

总的来说，功能性鸡蛋是一种正在研究的禽蛋新成员。对于某些特殊人群可以选择功能性鸡蛋作为营养改善和健康保健的食品。对于一般人群日常吃普通鸡蛋即可，重要的首先是每天一枚蛋，其次才是吃什么蛋的问题。

四、禽蛋的合理选择和食用

（一）禽蛋的合理选择

生活中有很多人在购买鸡蛋时，非常在意鸡蛋的颜色，专门购买红皮鸡蛋，认为红皮鸡蛋比白皮鸡蛋的营养价值高，其实不然。检测结果表明，两种颜色的鸡蛋营养素含量并无显著差别。其实鸡蛋壳的颜色是由一种叫"卟啉"的物质决定的，和鸡的品种有关。它只能决定蛋壳的颜色和厚薄程度（红壳蛋一般蛋壳比较厚），对鸡蛋所含的营养素基本没有影响。因此，在购买鸡蛋时，不用在意蛋壳的颜色。

还有一部分人，很迷信"土鸡蛋"，认为"土鸡蛋"既安全又营养。所谓的"土鸡蛋"，又叫"柴鸡蛋""笨鸡蛋"，是指农家散养的土鸡所生的蛋。相对应的"洋鸡蛋"，则是指养鸡场或养鸡专业户用合成饲料养的鸡下的蛋，即普通鸡蛋。根据《中国食物成分表》中"土鸡蛋"和"洋鸡蛋"的检测数据显示：相比"洋鸡蛋"，"土鸡蛋"中的蛋白质、碳水化合物、胆固醇、钙、锌、铜、锰的含量略高一些，而脂肪、维生素A、维生素B_2、烟酸、硒等含量略低，其他营养素差别不是很大。"土鸡蛋"的蛋黄颜色深是因为散养的土鸡没有专门的饲料，主要以虫子、蔬菜、野草等为食物，所产鸡蛋中的叶黄素含量就会相应高一些。从安全角度来讲，有些人认为"土鸡"在自然环境中生长，吃的也是天然食物，生下来的"土鸡蛋"应该比饲养鸡蛋更安全。但事实上，"土鸡蛋"不像饲养鸡蛋一样，在卫生方面有比较严格的监控，因而受到细菌污染的风险更大。

（二）禽蛋的合理储存

禽蛋营养丰富、味道鲜美、易于烹调，是餐桌上常见的食物。为了食用方便，很多家庭都会购买大量鸡蛋存起来慢慢食用。但鸡蛋属于生鲜农产品，如果储存不当很容易导致变质。要掌握鸡蛋储存的小技巧，先要了解鸡蛋的五个基本特性。

冻裂性：鲜蛋在冷藏时，应避免冻结，当温度低于-7℃时，蛋液容易冻结，造成体积增大，蛋壳容易破裂。

吸味性：鲜蛋可通过蛋壳的气孔和外界不断地进行"呼吸"，极易吸收环境中的异味。当鲜蛋与农药、化学药品或腐烂变质的食物放在一起时，极易吸收异味，影响食用品质和风味。

易潮性：鸡蛋遭到雨淋、水洗、受潮时会破坏蛋壳表面的胶质薄膜，致使气孔外露，外界环境中的微生物极易进入蛋内繁殖，加速鲜蛋腐败。故鲜蛋宜保存在通风、干燥的环境下。

易腐性：鲜蛋内含丰富的营养物质，易成为细菌、微生物的天然培养基。当鸡蛋所处的环境温度、湿度过高，或蛋壳破损时，很容易造成大量微生物繁殖，进而导致鸡蛋腐败变质。

易碎性：蛋壳具有一定强度，能承受一定压力而不受损，进而保护鸡蛋维持固有特征特性，当鸡蛋遭到挤压、碰撞时，极易造成蛋壳破裂，破壳的鸡蛋很容易腐败变质。

第四章
禽蛋的营养和健康功效分析

由此可见，鸡蛋必须储存在干燥、清洁、无异味、温度适宜、通风良好的地方，且要轻拿轻放，防止蛋壳破裂。如果储存不当，就会缩短鸡蛋的保质期，甚至腐臭变质。下面阐述一个鸡蛋存储的技巧，记住鸡蛋存储要"三要，两不要"。

要注意与有异味的食物隔离。蛋壳上面布满微小的通气孔，会与外界交换空气，如果把鸡蛋与香椿、韭菜、大蒜等味道比较重的食材放在一起，很容易让鸡蛋串味，影响口感也容易变质。

要注意鸡蛋的保存时间。一般来说，鸡蛋在阴凉、通风、干燥及卫生的环境下保存较好。在20℃下，鸡蛋保质期为45天；在0℃~4℃的环境下鸡蛋可保存60天以上。超过保质期，鸡蛋的新鲜程度和营养成分都会受到影响。

要把鸡蛋较大的一端朝上放置。因为水分和二氧化碳的挥发，鸡蛋内部会形成气室。气室通常在鸡蛋的大头部位，大头向上摆放能提高鸡蛋内部的稳定性，使得蛋黄不会贴近蛋壳，有利于保证蛋品的质量。

不要把鸡蛋清洗后再储存。鸡蛋表面有一层薄薄的膜，一方面可以阻挡外面的细菌进入鸡蛋内部，另一方面可以保持鸡蛋内部的水分不会流失，从而保持鸡蛋的新鲜度，以及保留鸡蛋中的营养物质。鸡蛋在出厂前多已进行清洗、紫外线杀菌、涂油等工序处理，买回家后，可以直接存放，无须清洗。

不要放在冰箱的冷冻室里。鸡蛋只能放在冰箱的冷藏室，不可以放在冷冻室，否则鸡蛋会被冻裂，蛋黄凝固变胶状，影响鸡蛋食用的口感。放置时应注意大头朝上、小头在下，不可横着放置。从冰箱中取出的鲜蛋要尽快食用，尽量不要再次冷藏。

判断鸡蛋是否变质应打开鸡蛋，观察蛋清蛋黄是否变色或者是出现了奇怪的味道。新鲜鸡蛋会有一点点的腥味，但变质的鸡蛋闻起来是硫化氢的恶臭味。不过并非鸡蛋没有异味就可以长期储存，鸡蛋存放越久，营养流失越快，所以需要适量购买、尽早食用。

（三）禽蛋的合理食用

在生鸡蛋蛋清中，含有抗生物素蛋白和抗胰蛋白酶。抗生物素蛋白能与生物素在肠道内结合，影响生物素的吸收，食用者可能引起食欲不振、全身无力、毛发脱落、皮肤发黄、肌肉疼痛等生物素缺乏的症状；抗胰蛋白酶能抑制胰蛋白酶的活力，妨碍蛋白质消化吸收，故不可生食蛋清。烹调加热可破坏这两种物质，消除它们的不良影响，但是不宜过度加热，否则会使蛋白质过分凝固，甚至变硬变韧，形成硬块，反而影响食欲及消化吸收。

蛋黄中的胆固醇含量很高，大量食用会引起高脂血症，是引起动脉粥样硬化、冠心病疾病的危险因素，但蛋黄中还含有大量的卵磷脂，对心血管疾病有防治作用。因此，吃鸡蛋要适量。据研究，每人每日吃1~2枚鸡蛋，对血清胆固醇水平无明显影响，还可发挥禽蛋其他营养成分的作用。

禽蛋的烹调可采用煮、炒、煎、蒸等方法。禽蛋在加工过程中营养损失不多，但加工方法不当，会影响消化吸收。蒸煮一般在水烧开后小火继续蒸煮5~6分钟即可，时间过长会使蛋白质过分凝固，影响消化吸收。煎蛋时火不宜过大，时间不宜过久，否则会使鸡蛋变硬变韧，既影响口感又影响消化吸收。

第五章

高品质禽蛋的发展趋势研究

一、高品质禽蛋发展的背景

民以食为天,食物是人类赖以生存的物质基础,食物消费是居民最基本的消费。居民素有喜欢食用禽蛋的饮食习惯,2020年我国禽蛋产量占世界总产量的约40%,人均占有量24千克,我国是世界上禽蛋生产与消费的第一大国。我国的禽蛋产品呈现丰富的多样性,包括鸡蛋、鸭蛋、鹅蛋和其他禽蛋。禽蛋产业发展关系到人们日常消费和健康,也关系到千万养殖户的收入情况,是典型的民生产业。因此,开展我国禽蛋发展现状及未来供需保障研究,对解决我国食物供给结构不平衡、消费结构不合理的问题具有非常重要的现实意义。随着居民生活水平的不断提高和日益增长的消费需求,对有机蛋、生物强化蛋、功能蛋等高品质禽蛋的需求越发旺盛,将成为居民食物消费升级和满足美好生活的重要动物性产品。

第五章 高品质禽蛋的发展趋势研究

（一）满足人民美好生活向往的客观需要

习近平总书记系统论述了大食物观，指出要从更好满足人民美好生活需要出发，全方位多途径开发食物资源，开发丰富多样的食物品种，实现各类食物供求平衡，更好满足人民群众日益多元化的食物与营养消费需求。近年来，我国食物供给充足，基本实现了由"吃得饱"向"吃得好"转变，为提高我国居民营养健康水平奠定了基础。"健康中国2030规划纲要"指出全民健康是建设健康中国的根本目的。民以食为天，创建全民健康的美好生活社会和实现健康中国2030规划目标，必然要以食物营养为基础，以卫生健康做保障。这就要求从食物的供给侧提供更加多样、更加营养、更加美味的农产品。鸡蛋作为我国城乡居民的传统美食，是消费升级的重要选择。发展高品质鸡蛋，为居民提供口感好、味道美、营养多的鸡蛋产品，既可以满足人民对食物消费升级的需求，也可以提高居民生活的获得感和幸福感。

（二）适应蛋鸡产业多元化发展的必然要求

随着畜牧业供给侧结构性改革的持续发展，畜牧业内部的产业细分不断加深，专业化程度不断提高，市场定位更加精准。为了满足鸡蛋市场多元化的增长需求，蛋鸡内部的产业结构也在不断分化，很多蛋鸡企业都在"优、特、美"上做文章。"优"就是改善蛋鸡产业供给体系，调整优化生产结构和产品结构，增强鸡蛋产品供给侧结构的适应性和灵活性，为消费者提供更丰富、更优质、更营养的产品；"特"就是要加快特色蛋、功能蛋等优势特色鸡蛋产品的开发，走差异化竞争路线，打造高品质、有口碑的"金字招牌"；"美"就是要加大蛋鸡产业塑形美容和营销宣传力度，加强品牌培育和消费引导，把高品质鸡蛋产业做强、做大、做响。

（三）提升蛋鸡产业链价值的重要措施

一方面，受玉米、豆粕等价格上涨的影响，蛋鸡饲料价格正处于近5年来的高位，而且劳动力、疫苗兽药、设备等生产要素价格不断上涨，蛋鸡养殖成本上升，养殖场（户）利润空间被压缩；另一方面，随着居民收入水平的进一步提高、消费偏好的变化，食物消费出现需求分级的趋势也逐步凸显。同时，我国中高收入群体所占比重越来越大，居民鸡蛋消费不仅限于用来满足人们对动物蛋白和脂肪的基本需求，对质量安全水平更高、品质（香味、口感等）更高的高品质鸡蛋的需求也与日俱增。高品质鸡蛋具有高质量安全、高营养价值、高产品附加值等特征,既可以破解蛋鸡产业链价值低的难题,又可以满足居民日益增长的鸡蛋消费新需求,这将大大提升蛋鸡产业链价值,提高产业效益。

(四)改善居民营养健康的重要途经

当前我国人口多,慢性病带给民众的健康威胁日益加重,不仅成为重要的公共卫生问题,更对经济社会发展带来严重负担。已有研究表明,红肉和动物脂肪摄入过多是造成高血压、血脂异常等慢性病高发的主要因素。因此,研究居民动物性食物消费结构变化,对居民认知科学的膳食结构和营养状况,引导居民合理饮食也具有一定的意义。禽蛋是人类重要的营养来源,能够提供多种维生素和微量元素,同时富含多种对人体有益的营养成分,是富含优质蛋白质的健康食品。特别是发展 $\omega-3$ 多不饱和脂肪酸鸡蛋、富硒蛋等功能性鸡蛋可以有效防止慢性疾病的发生,有利于改善国民健康状况。

总之,随着居民收入水平的持续提高,消费结构还将持续升级,人们对高蛋白高营养的动物性食物的需求也将不断增加。同时,居民饮食结构调整加快,人们对食物的需求由吃饱吃好逐步向追求营养均衡的方向发展,在消费总量相对稳定的基础上，不同种类食物间的替代正在发生重要变化。发展高品质鸡蛋可以为破解蛋鸡产业供给侧结构性改革难题、满足居民食物消费升级需求、改善城乡居民膳食结构和提高营养水平发挥重要作用。

二、高品质鸡蛋的发展现状

随着科学技术的进步、国民生活水平的提高和消费者偏好的改变，鸡蛋产品结构不断优化且呈现多样性的特点，高品质鸡蛋的市场前景更加广阔。从生产端来看，生产企业更加注重其鸡蛋产品的提质增效以适应消费结构的升级；从消费端来看，消费者对于特殊营养鸡蛋的需求持续增长，对鲜蛋安全性能的关注逐步增强，对鸡蛋的关注集中在品质、安全和新鲜三个方面，价格敏感度相对较弱。目前，我国高品质鸡蛋的生产数量及占比仍较低，高品质鸡蛋市场有较大的拓展空间，全国性知名品牌和区域强势品牌数量较少，消费者对高品质鸡蛋的认知度普遍不高。

（一）高品质鸡蛋的定义和内涵

高品质鸡蛋指的是区别于普通鸡蛋的，其营养功能和安全性能更优的鸡蛋。首先，在功能性上，有些高品质鸡蛋表现为鲜蛋产品的功能多样化，除基本满足消费者的营养需求之外，还添加营养成分以满足消费者对特殊营养功能的需求，如富硒蛋、高维生素蛋、高碘蛋、富含 ω-3 多不饱和脂肪酸鸡蛋、高能鸡蛋、低胆固醇鸡蛋等。其次，在安全性能上，高品质鸡蛋的安全性能更高。生产高品质鸡蛋的蛋鸡养殖场通过国家绿色和有机鸡蛋的生产认证，较之传统鸡蛋来说，安全鸡蛋的生产比例将会越来越高。这些高品质鸡蛋产品往往带有特殊标签，有保洁鸡蛋、绿色鸡蛋、有机鸡蛋等。最后，在品牌打造上，高品质鸡蛋品牌化趋势明显。生产企业致力于打造品牌优势，快速推进蛋鸡业的标准化、规模化程度，注重产蛋母鸡的健康、饲养管理及蛋品加工规范等各环节的提质增效，不断增强核心竞争力，同时通过专业的品牌策划、营销推广把握消费者需求，提升消费者对高品质鸡蛋的认可度。

（二）高品质鸡蛋的分类和特征

1. 根据安全性能分类

根据安全性能，高品质鸡蛋可以分为保洁鸡蛋、绿色鸡蛋、有机鸡蛋等。

保洁鸡蛋：对新鲜蛋品加以清洁干燥、破蛋检测、食品级油墨喷码、喷油保鲜、紫外线消毒、重量分级，装托包装等工艺进行特别处理的蛋。它去除了蛋壳上残留的羽毛、粪便等有害物质，杀灭和抑制了微生物侵入蛋体从而保护食用者的身体健康。

绿色鸡蛋：绿色鸡蛋是指遵循可持续发展原则，按照特定生产方式生产，经专门机构认定，许可使用绿色食品标志，无污染的安全、优质、营养的鸡蛋，这类鸡蛋出自良好的生态环境。

有机鸡蛋：有机鸡蛋，是指符合国际或国家有机食品要求和标准，并通过国家有机食品认证机构认证的鸡蛋。国家对于有机食品有着明确的定义，有机食品是指按照特定方式生产和加工的产品。有机鸡蛋来自有机农业生产体系，在原料生产和产品加工过程中不使用化肥、农药、生长激素、化学添加剂等化学物质，不使用基因工程技术。由于蛋鸡的喂养方式、饲料、生长环境的不同，有机鸡蛋与普通鸡蛋相比存在安全级别上的差异。

2. 根据功能和营养强化成分分类

参考国外营养声称经验，结合我国营养强化农产品发展的经验，对于营养强化类农产品，当其营养成分含量达到强化目标值低限时，可以进行农产品营养强化声称。农产品强化某营养成分时，其含量应显著超出同类产品，目标值低限可根据强化技术水平、强化载体本身营养成分差

第五章
高品质禽蛋的发展趋势研究

异程度、膳食营养素推荐摄入量或适宜摄入量、营养素参考值等综合确定,不低于同类产品营养成分含量的25%,当某营养成分含量达到WS/T-578系列标准推荐的日摄入量20%(以产品日摄入量500克计)时,可进行该营养成分来源声称。

功能性鸡蛋是指具有特定营养功能的鸡蛋,适宜于特定人群食用,且具有调节机体功能的作用。主要通过微量元素、维生素、不饱和脂肪酸等功能性物质在蛋鸡饲粮中的科学配制进行饲喂,从而获得营养价值比正常值高的功能性鸡蛋。吃鸡蛋本身就可以补充优质蛋白,而含有微量元素的营养强化鸡蛋对人体健康更有利。根据其功能及添加的营养强化成分的不同,这类高品质鸡蛋可以分为富硒蛋、高碘蛋、富含ω-3多不饱和脂肪酸鸡蛋、叶酸鸡蛋等。这类鸡蛋强化某一种或多种营养成分。这类通过饲养方式的转变及关键技术的改进,使鸡蛋富含人体所需的微量营养素,有利于提高消费者的营养健康水平。然而,目前我国仍缺乏相关的统一规范标准。

富硒蛋:指蛋中硒含量大于普通鸡蛋数倍的鸡蛋。国家规定的标准是每千克鸡蛋中含硒300~500微克,富硒蛋中含硒量(20~50微克/枚)比普通鸡蛋(4~15微克/枚)高4—7倍,具有抗癌,防治心绞痛、心肌梗塞、脑血栓、风湿性关节炎、大骨节病等作用，对某些毒物（镉、汞、砷）等有解毒作用；还有清除自由基，刺激免疫球蛋白、保持淋巴细胞活跃，增强免疫功能，延缓衰老和促进儿童生长发育的作用。生产鸡蛋过程中常见且有效的饲粮硒源包括亚硒酸钠、酵母硒和海藻硒多糖，连续饲喂14天后即可得到富硒蛋。

高碘蛋：高碘蛋中含碘量（300~1000微克/枚）比普通鸡蛋（6~30微克/枚）高10~50倍。高碘蛋提高了碘的生物学效能，不仅能预防缺碘病的发生，还可以提高人体脂蛋白脂肪酶的活性，降低血液中胆固醇与甘油三酯的含量，预防动脉粥样硬化、高血压、高血脂、冠心病、支气管哮喘、缺碘性甲状腺肿大、甲亢等，对糖尿病等亦有一定疗效。高碘蛋生产的方式通常有四种：一是海藻粉法，在饲料中加入4%~5%的海藻粉，代替等量的玉米喂产蛋鸡，连续喂7天后，所产下的蛋就是高碘蛋，这种方法不仅能使鸡产出高碘蛋，而且还能提高产蛋率和节省饲料；二是碘化钾法，按照科学配方，在饲料中加入适量碘和碘化钾，搅拌均匀后喂给产蛋鸡，即可产出高碘蛋；三是碘酸钙法，按照科学配方，在饲料中加入适量碘酸钙，搅拌均匀后，饲喂产蛋鸡，即可产出高碘蛋；四是添加碘化物法，按照科学配方，在饲料中加入适量碘化物，搅拌均匀后，饲喂产蛋鸡，即可产出高碘蛋。

富含ω-3多不饱和脂肪酸鸡蛋：ω-3多不饱和脂肪酸鸡蛋是给母鸡喂养富含ω-3多不饱和脂肪酸的食物（亚麻、海藻或类似植物）而生产的鸡蛋。ω-3多不饱和脂肪酸鸡蛋所含的ω-3多不饱和脂肪酸通常是普通鸡蛋的3—6倍。吃富含ω-3多不饱和脂肪酸的食物有助于预防心血管疾病。

叶酸鸡蛋：叶酸鸡蛋是指每一枚鸡蛋中天然叶酸含量高于普通鸡蛋中叶酸含量的3—4倍（每100克蛋含叶酸量为110～140微克），它是集营养性、功能性为一体的鸡蛋。每一枚叶酸鸡蛋中，不仅富含天然的叶酸，而且蕴藏着人体不可或缺的8种必须氨基酸及22种维生素和微量元素，即使高温加热（煮、蒸、炒）15分钟，其叶酸的含量仍在90.9%。叶酸鸡蛋中所含的叶酸为人体易吸收的"单谷氨酸型"，人体吸收率高，而且叶酸鸡蛋中的叶酸人体吸收率是蔬菜中"叶酸之王"菠菜的9.8倍。叶酸鸡蛋所含的叶酸是经生物转化的天然叶酸，因此没有任何副作用，利用率高，吸收效果好，安全有保证。

（三）高品质鸡蛋的生产现况

蛋鸡行业转型是从20世纪70年代至80年代追求数量

到20世纪90年代质量和数量并重，到21世纪注重质量的方向发展。我国是鸡蛋生产第一大国，我国鸡蛋产业每年有3000多亿元的产业规模，全球占比40%。近年来，禽蛋产量持续增加，2019年我国禽蛋的产量达到了3309万吨（见图5-1），其中鸡蛋是最主要的禽蛋品种，占我国禽蛋总产量的80%以上。

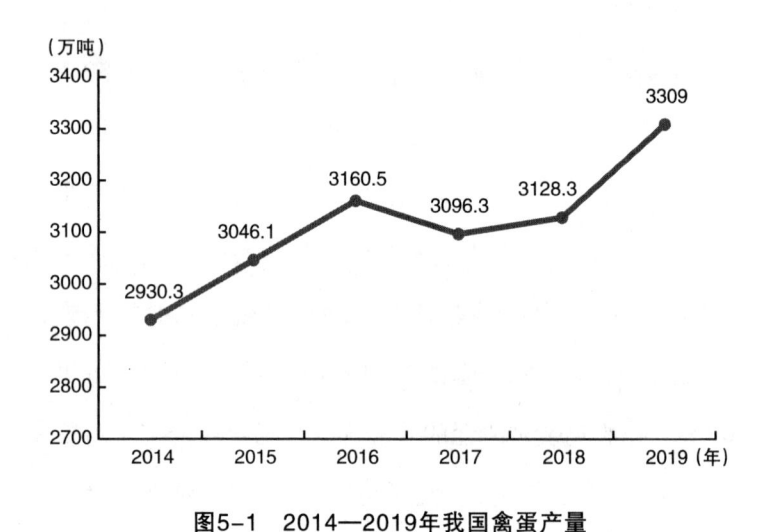

图5-1 2014—2019年我国禽蛋产量

数据来源：《中国统计年鉴》。

但据有关调查显示，高品质鸡蛋的产量规模较小，其生产总量仅占到市场总量的8%左右，有机、绿色以及品牌鸡蛋在不同规模中所占比例均不到10%。当前优质蛋市场空间大，产品单价高，为普通蛋的2—3倍，养殖利润较大。

近3年，随着消费结构的升级，高品质鸡蛋的销售以每年20%以上的速度增长，特别是超市销售增长更快。从销售途径看，在超市、农贸市场购买等传统主流销售方式的基础上，近年来涌现了网上销售、宅配送或电话、微信营销等多种销售模式。在新销售模式下，鸡蛋加工分装后直接配送至消费者手中，有效减少中间运输环节，既能提高产品新鲜度，更能保证鲜鸡蛋的品质和营养。

（四）高品质鸡蛋的消费现况

鸡蛋是一种物美价廉的动物性蛋白食品，由于具有高蛋白、低脂肪、低热量和高吸收率、高转化率等特点，鸡蛋已成为世界各地居民普遍接受的优质动物蛋白质来源，也是最经济的动物蛋白质来源之一，是城乡居民饮食的重要组成部分。受传统消费习惯的影响，我国居民的鸡蛋消费主要以鲜蛋消费为主。中国的鸡蛋消费按照消费途径分类可以分为家庭消费（居民食用蛋）、户外消费（餐饮行业和机关、企业、学校等机构消费蛋）以及工业消费（深加工蛋等），其中以家庭消费为主。如图5-2所示，近年来，全国居民人均禽蛋消费量整体呈不断增加的趋势，2019年全国居民人均禽蛋消费量达到了10.7千克，创下历史新高。分地域来看，城镇居民和农村居民的人均禽蛋消费量整体上均呈不断增长的趋势,但城镇居民的人均禽蛋消费量显著高于农村居民,2019年城镇居民的人均禽蛋消费量为11.5千克,而农村居民的人均禽蛋消费量仅为9.6千克,两者相差近2千克。

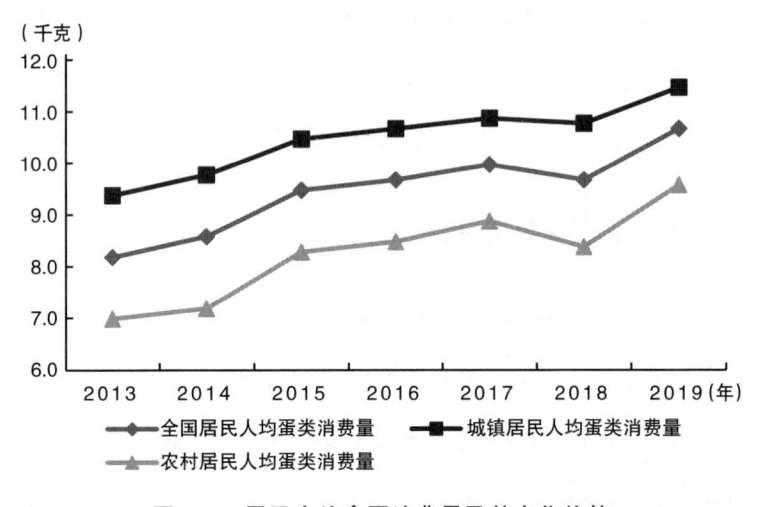

图5-2 居民人均禽蛋消费量及其变化趋势

三、高品质鸡蛋消费调研

通过采用问卷调查的方式对普通消费者的高品质鸡蛋消费情况进行调查,对消费者的鸡蛋食用情况、鸡蛋购买情况、鸡蛋消费的心理动机、支付意愿、个人及家庭特征等方面进行调查,分析高品质鸡蛋市场现状。以北京、广州、成都、南京作为抽样城市,线上总计获取问卷1041

份，有效问卷1041份。

（一）城镇居民高品质鸡蛋的食用情况

根据本次调查，在鸡蛋食用频率上，有338人每天食用鸡蛋，占总人数的32.47%；有578人经常食用鸡蛋，占总人数的55.52%；100人偶尔吃鸡蛋，约占总人数的9.61%；仅有2.40%的人极少或不吃鸡蛋（见图5-3）。在鸡蛋食用数量上，908名被调查者表示家庭每天平均消费鸡蛋1~5枚，约占总人数的87.22%；8.65%的被调查者表示家庭每天消费鸡蛋6~10枚，2.31%的受访者表示家庭每天消费鸡蛋10枚以上。在鸡蛋食用方式上，水煮蛋是最受欢迎的，818名被调查者采用该烹饪方法，占总人数的78.58%；排第二的是炒鸡蛋，796人采用该烹饪方法，占总人数的76.46%；排第三的是煎鸡蛋，有762人选择该种烹饪方式，占73.20%；556人选择蒸鸡蛋的烹饪方式，占53.41%；选择制作蛋糕及生食的食用方式的人数较少，仅占总人数的14.02%和0.96%（见图5-4）。

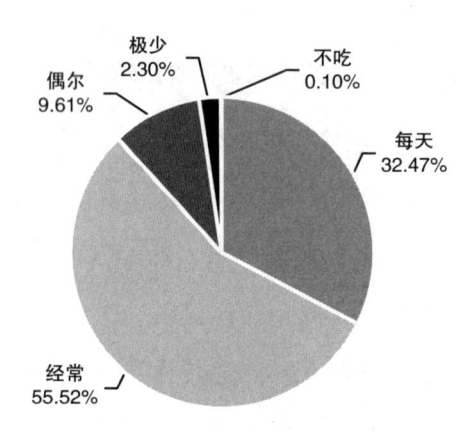

图5-3 城镇居民鸡蛋食用频率

数据来源：问卷调研。

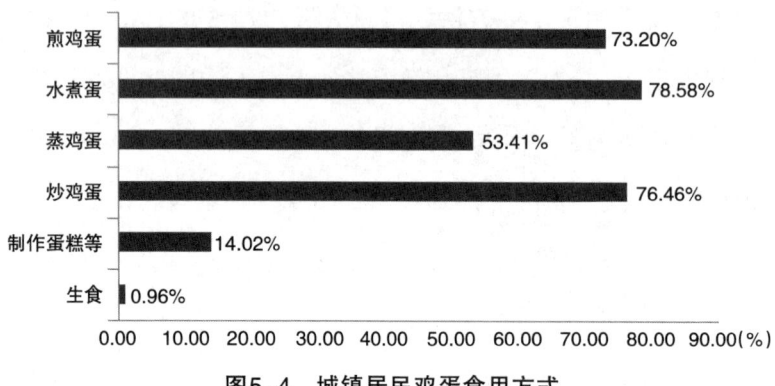

图5-4 城镇居民鸡蛋食用方式

数据来源：问卷调研。

（二）城镇居民高品质鸡蛋的购买情况

1. 城镇居民鸡蛋购买情况

在1041名被调查者中，有822人为家庭食物的主要购买者。在家庭鸡蛋购买频率上，328个家庭选择每月购买1~2次，占总家庭数的31.51%；565个家庭选择每月购买3~5次，占总家庭数的54.27%；130个家庭选择每月购买6~8次，占总家庭数的12.49%；只有1.73%的家庭选择不购买（见图5-5）。

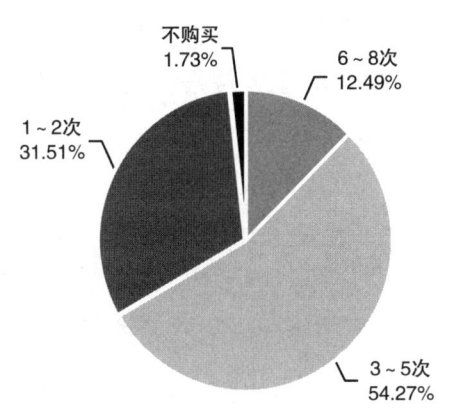

图5-5 城镇居民家庭鸡蛋购买频率

在价格区间选择上，95人选择购买低于5元/500克的鸡蛋，约占总人数的9.12%，594人倾向于选择5~10元/500克，占总人数的57.06%；229人倾向于选择10~20元/500克，占总人数的22.00%；其余11.82%的受访者不在意价格（见图5-6）。

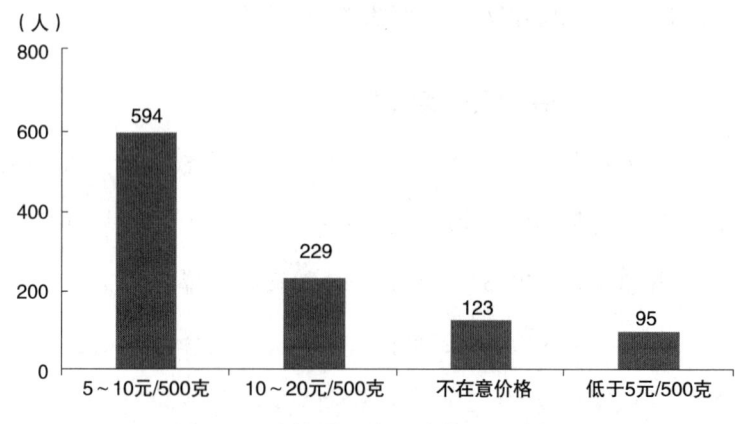

图5-6 城镇居民鸡蛋价格区间选择

在鸡蛋包装规格选择上，大多数消费者倾向于选择10～20枚及20～30枚的包装规格。选择购买10～20枚及20～30枚包装规格的人数分别为540人、322人，分别占总人数的51.87%、30.93%；选择10枚以内小包装规格的人数为112人，占总人数的10.76%；选择较大包装规格的人数较少，选择30～40枚及40枚以上包装规格的人数分别仅为51人、16人，仅占总人数的4.90%、1.54%（见表5-1）。

表5-1 鸡蛋包装规格选择及其占比

选项	人数（人）	比例（%）
40枚以上	16	1.54
30～40枚	51	4.90
10枚以内	112	10.76
20～30枚	322	30.93
10～20枚	540	51.87

2. 城镇居民高品质鸡蛋购买情况

消费者在选购鸡蛋时，往往通过对产品标签标识的感知来判断鸡蛋的品质，进而做出购买选择。因此，本调查从高品质鸡蛋的不同标签标识出发，研究探讨消费者对不同特征的高品质鸡蛋的购买行为。这些特征包括：蛋鸡品种、营养成分、饲养方式、品牌、农场追溯码五个方面。根据蛋鸡品种的不同，鸡蛋可分为"土鸡蛋"和"洋鸡蛋"；根据营养成分的不同，鸡蛋可分为营养强化鸡蛋和普通鸡蛋；根据蛋鸡饲养方式的不同，鸡蛋可分为有机绿色鸡蛋和普通鸡蛋；根据是否创建品牌，鸡蛋可分为品牌鸡蛋和非品牌鸡蛋；根据鸡蛋是否具有农场追溯标签，可将鸡蛋分为有农场追溯码鸡蛋和无溯源鸡蛋。

从本次调查情况来看，消费者主要购买的鸡蛋是"土鸡蛋"（柴鸡蛋、笨鸡蛋），其人数为899人，占总调查人数的86.36%；购买过营养强化鸡蛋（高维生素蛋、富硒蛋、高碘蛋、富含 $\omega-3$ 多不饱和脂肪酸蛋、低胆固醇蛋等）的人数为428人，占总人数的41.11%；购买有机鸡蛋的为615人，占总人数的59.08%；购买品牌鸡蛋的为581人，占总人数的55.81%；购买有农场追溯码鸡蛋的为531人，占总人数的51.01%（见表5-2）。从调查结果来看，目前消费者对于"土鸡蛋"的认可度较高，对于营养强化鸡蛋、品牌鸡蛋、有机鸡蛋的接受水平仍然较低。所以，目前市场上的高品质鸡蛋仍需加大推广力度，以增加消费者对高品质鸡蛋的认知程度，提高消费者对高品质鸡蛋的接受水平。

表5-2 消费者购买类型分布

购买类型	人数（人）	占比（%）
土鸡蛋（柴鸡蛋、笨鸡蛋）	899	86.36
营养强化鸡蛋	428	41.11
有机鸡蛋	615	59.08
品牌鸡蛋	581	55.81
有农场追溯码鸡蛋	531	51.01

本调查显示，消费者对于"土鸡蛋"（柴鸡蛋、笨鸡蛋）的购买选择远超出其他类型的鸡蛋，表明在鸡蛋的所有特征中，蛋鸡的品种是消费者最为关注的。从表5-3可以看出，消费者选择购买高品质鸡蛋主要是出于对鸡蛋的味道、营养价值、质量安全三个方面的考虑。在1041名被调查者中，有899的消费者选择购买"土鸡蛋"（柴鸡蛋、笨鸡蛋），其中88.99%的消费者认为"土鸡蛋"营养价值高，75.42%的消费者认为"土鸡蛋"的味道鲜美，61.85%的消费者认为"土鸡蛋"质量安全有保障。如表5-4所示，在1041名被调查者中，仅有428人选择购买营养强化鸡蛋，这部分人中有89.49%的消费者认为营养强化鸡蛋的营养价值高，71.50%的消费者认为营养强化鸡蛋质量安全

有保障，56.59%的消费者认为营养强化鸡蛋的味道鲜美。如表5-5所示，对于选择购买有机鸡蛋的615人来说，营养价值高也排在首位，85.69%的消费者认为有机鸡蛋的营养价值高，75.45%的消费者认为有机鸡蛋质量安全有保障，39.93%的消费者认为有机鸡蛋味道鲜美。如表5-6所示，对于选择购买品牌鸡蛋的581人来说，选择品牌鸡蛋的主要因素在于质量安全有保障，87.26%的消费者认为品牌鸡蛋质量安全有保障，63.17%的消费者认为品牌鸡蛋营养价值高，49.91%的消费者认为品牌鸡蛋味道鲜美，此外，超过30%的消费者还认为品牌鸡蛋在购买的便利性和包装的精美程度上表现也较好。如表5-7所示，对于选择购买有农场追溯码鸡蛋的531名消费者来说，选择有农场追溯码鸡蛋的首先考虑因素在于质量安全有保障，90.21%的消费者会考虑鸡蛋的质量安全有保障，其次是营养价值高，55.93%的消费者认为可溯源的鸡蛋的营养价值较高，最后是味道鲜美，认为可溯源鸡蛋味道鲜美的消费者占比接近40%。从整体来看，较为关注味道、营养价值及质量安全的消费者更倾向于购买高品质鸡蛋，价格、购买便利程度及包装精美度对消费者的选择会有影响但影响效果较小。高品质鸡蛋虽然价格比普通鸡蛋稍高，但是仍有很大的市场潜力。

表5-3 消费者购买"土鸡蛋"(柴鸡蛋、笨鸡蛋)的原因分布

原因	人数(人)	比例(%)
味道鲜美	678	75.42
营养价值高	800	88.99
质量安全有保障	556	61.85
价格便宜	165	18.35
购买方便	251	27.92
包装精美	112	12.46
其他	7	0.78
合计	899	—

表5-4 消费者购买营养强化的鸡蛋的原因分布

原因	人数(人)	比例(%)
味道鲜美	246	56.59
营养价值高	383	89.49
质量安全有保障	306	71.50
价格便宜	81	18.93
购买方便	114	26.64
包装精美	91	21.26
其他	3	0.70
合计	428	—

表5-5 消费者购买有机鸡蛋的原因分布

原因	人数(人)	比例(%)
味道鲜美	348	39.93
营养价值高	527	85.69
质量安全有保障	464	75.45
价格便宜	91	14.8

续表

原因	人数（人）	比例（%）
购买方便	150	24.39
包装精美	101	16.42
其他	5	0.81
合计	615	—

表5-6 消费者购买品牌鸡蛋的原因分布

原因	人数（人）	比例（%）
味道鲜美	290	49.91
营养价值高	367	63.17
质量安全有保障	507	87.26
价格便宜	97	16.70
购买方便	183	31.50
包装精美	192	33.05
其他	4	0.69
合计	581	—

表5-7 消费者购买有农场追溯码鸡蛋的原因分布

原因	人数（人）	比例（%）
味道鲜美	212	39.92
营养价值高	297	55.93
质量安全有保障	479	90.21
价格便宜	78	14.69
购买方便	136	25.61
包装精美	94	17.70
其他	1	0.19
合计	531	—

如表5-8所示，在本次调查中，选择经常购买鸡蛋的渠道为超市的消费者有941人，其比例为90.39%；选择在农贸市场/菜市场购买鸡蛋的消费者为744人，所占比例为71.47%；选择网购鸡蛋的消费者为351人，所占比例为33.72%；选择便利店购买鸡蛋的消费者为222人，所占比例为21.33%。这一调查结果表明，超市是消费者购买鸡蛋的主要渠道，符合当前的消费现状。随着超市数量的增加，人们生活水平的提高，超市逐渐代替了其他经营场所成为人们家庭日常消费的首选之地；随着信息化和网络技术的发展，通过电商购买鸡蛋等生鲜产品也逐渐成为发展趋势。

表5-8 消费者购买鸡蛋渠道分布

选项	人数（人）	比例（%）
超市	941	90.39
网购	351	33.72
农贸市场/菜市场	744	71.47
便利店	222	21.33
其他	20	1.92%
合计	1041	—

对于消费者选择鸡蛋购买地点的影响因素是多方面的，通过对这些影响因素的进一步调查发现，消费者在选择鸡蛋购买地点时，大多数人首先是出于就近方便的考

虑，有831人选择了该因素，占调查总人数的79.83%；其次是出于对质量安全保障方面的考虑，有738人选择了该因素，占调查总人数的70.89%；有704人选择了价钱合理的因素，占调查总人数的67.63%；另外，还有632名消费者会选择他们认为鸡蛋较为新鲜的场所购买鸡蛋，占调查总人数的60.71%。

四、城镇居民高品质鸡蛋的消费动机

（一）消费者对促销行为的偏好

调查数据显示，438名消费者会因商家的促销行为而产生经常性的购买行为，约占全部调查总数的42.07%；536名消费者会因商家的促销行为而产生偶尔性的购买行为，约占全部调查总数的51.49%；仅67名消费者在商家采取促销活动时不会增加购买行为，这部分人占调查总数的6.44%。从这一调查结果可以看出，鸡蛋的促销打折活动对消费者的购买行为具有正向激励作用，但是激励效果有限。原因在于鸡蛋属于保鲜类食品，大部分消费者出于对质量安全的考虑通常会选择在鸡蛋吃完之后购买新鲜的鸡蛋，一般不愿意在家中储存大量鸡蛋；其次，鸡蛋作为消费者消费频率很高的一种日常消费品，其价格水平本来就较低，打折促销活动的降价幅度有限，所以对消费者吸引力较小。此外，随着市场竞争的日渐激烈，各种商品的促销活动此起彼伏，消费者对于商家的促销活动已逐渐习以为常，消费者的消费观念和态度也日渐理性。商家要想取得较好的促销效果，必须了解消费者的消费心理，掌握消费者的消费偏好，以上调查结果很好地体现了当前消费者对于鸡蛋促销活动的态度和偏好，对鸡蛋厂家日后的促销活动有着非常重要的借鉴和指导作用。

（二）消费者忠诚度与品牌选择

在进行问卷调查时，当受访者被问到是否更倾向于购买同一品牌的鸡蛋时，有322位受访者选择一直购买同一种品牌，占30.93%；有291位受访者选择了经常更换不同品牌的鸡蛋，占27.95%；有428位受访者不在乎品牌，占41.11%。从这个结果可以看出，只有小部分消费者具有比较强的品牌忠诚度，而多数消费者的品牌忠诚度则较低。

分析消费者选择固定品牌鸡蛋的原因，69.45%的消费者出于对质量好和安全性高的考虑而选择购买固定品牌的鸡蛋；63.02%的消费者出于对价格合理的考虑而选择固定品牌的鸡蛋；55.43%的消费者出于对味道的考虑而选择固定品牌的鸡蛋；53.12%的消费者出于对营养价值的考虑而选择固定品牌的鸡蛋；54.18%的消费者出于对购买便利程度的考虑而选择固定品牌的鸡蛋；仅有少数21.61%的消费者出于对口感的习惯而选择固定品牌的鸡蛋。由此可以看出，要提升消费者对品牌的忠诚度，首先就是要提升鸡蛋产品自身的品质，其次是要保证鸡蛋的价格合理可接受以及购买便利。

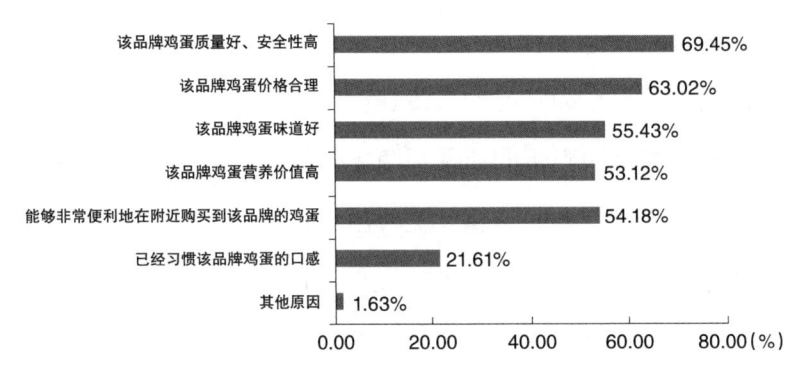

原因	比例
该品牌鸡蛋质量好、安全性高	69.45%
该品牌鸡蛋价格合理	63.02%
该品牌鸡蛋味道好	55.43%
该品牌鸡蛋营养价值高	53.12%
能够非常便利地在附近购买到该品牌的鸡蛋	54.18%
已经习惯该品牌鸡蛋的口感	21.61%
其他原因	1.63%

图5-7 消费者选择固定品牌鸡蛋的原因分布

当经常购买的品牌推出新产品时，32.95%的消费者表示会购买新产品，64.17%的消费者表示可能会购买，只有2.88%表示不会购买，这一结果表明消费者对经常购买的品牌信任度较高，大多数消费者愿意接受并尝试新产品。当经常购买的鸡蛋品牌价格上涨时，25.94%的消费者选择一如既往地购买，31.89%的消费者选择当别的鸡蛋价格也上涨时购买原品牌，26.42%的消费者选择会购买但数量减少，15.75%的消费者选择购买其他品牌的鸡蛋。结果表明，消费者对固定品牌鸡蛋有一定的忠诚度，但鸡蛋价格上涨也会影响消费者的品牌忠诚度。

（三）消费者对高品质鸡蛋的支付意愿

如表5-9所示，大部分消费者均愿意为高品质鸡蛋的外观口感、质量保障及安全可靠属性支付额外价格。其中，愿意为质量安全支付溢价的消费者人数占比较高。41.02%的消费者较愿意为鸡蛋的质量保障支付溢价，25.26%的消费者非常愿意为鸡蛋的质量保障支付溢价；41.79%的消费者较愿意为鸡蛋的安全属性支付溢价，26.22%的消费者非常愿意为鸡蛋的安全属性支付溢价。这说明，大部分消费者购买高品质鸡蛋的首要目的是寻求质量安全保障，他们愿意为产品的质量安全支付更高的价格。

表5-9　高品质鸡蛋溢价支付意愿

属性	不愿意		较不愿意		中立		较愿意		非常愿意	
	人数（人）	比例（%）	人数（人）	比例（%）	人数（人）	比例（%）	人数（人）	比例（%）	人数（人）	比例（%）
外观口感	36	3.46	113	10.85	258	24.78	393	37.75	241	23.15
质量保障	31	2.98	88	8.45	232	22.29	427	41.02	263	25.26
安全可靠	30	2.88	82	7.88	221	21.23	435	41.79	273	26.22

五、城镇居民高品质鸡蛋消费的影响因素

本调查以北京、四川、广东、江苏四个省市的城镇居民为调查对象,采用问卷收集调查数据资料,建立计量经济模型,从不同维度对消费者是否购买高品质鸡蛋的决策行为及其影响因素进行实证分析,并在此基础上提出了促进高品质鸡蛋消费的策略和政策调控建议。

(一)影响因素

根据消费行为的基本理论,影响消费者对高品质鸡蛋的购买决策因素主要有以下几个方面(见表5-10):

1. 消费者个体特征

从国内外对消费者行为的研究来看,一般要考虑的个体特征有性别、年龄、受教育程度、职业等指标。一般来说,男性对价格的敏感度低于女性消费者;消费者的受教育程度越高,其对高品质农产品的认知度可能越高,因而其购买高品质鸡蛋的意愿可能就会越强;年龄对高品质鸡蛋的购买意愿影响方向不能确定。采用被调查者的性别(X0)、年龄(X1)、受教育程度(X2)作为影响高品质鸡蛋购买决策的变量。

2. 家庭结构

消费者选择高品质农产品时受家庭人口数量以及家庭人口结构的影响，如家中是否有老人、儿童、孕妇等。不同的家庭人口总数及人口结构上的差异，会导致以家庭为单位的消费产生选择行为上的差异，选择家庭人口数（X3）、是否有老人（X6）、是否有儿童（X7）和是否有孕妇（X8）作为自变量，实证检验家庭结构差异对居民高品质鸡蛋购买行为的影响方向及程度。

3. 消费者家庭收入水平

根据消费经济理论，消费者对商品的需求数量受到收入约束，通常居民的收入水平越高，对高品质农产品的需求也越高。因此，引入家庭月收入水平（X4）作为自变量，分析收入水平对城镇居民高品质鸡蛋购买决策的影响。

4. 鸡蛋价格

价格是消费者购买商品时最重要的影响因素，一方面是商品自身的价格影响消费者的决策；另一方面是其他相关商品的价格对消费者的决策产生影响。鸡蛋已经成为城镇居民家庭的必需品，但鸡蛋品类较多，尤其是消费者在选购鸡蛋时必然从心理上比较普通鸡蛋与高品质鸡蛋的价格，消费者购买鸡蛋的价格区间反映出消费者对高品质鸡蛋价格的承受能力，因此，选择消费者购买鸡蛋的价格区间（X9）作为自变量，对价格是否显著影响居民购买高品质鸡蛋的决策进行实证检验。

5. 消费者对商品属性的认知

消费者在购买农产品时，往往比较关注农产品的新鲜度、安全性以及营养程度，这些也是消费者购买高品质鸡蛋的主要动力。若消费者认为高品质鸡蛋相对于普通鸡蛋更为新鲜、安全和营养，那么其对高品质鸡蛋的购买倾向会更高。同时，在消费者平时关注食品安全的情况下可能会更青睐于品牌农产品的质量与营养，因而也可能正向影响到消费者对高品质鸡蛋的购买意愿。因此，采用居民对鸡蛋的营养价值（X10）、品牌（X11）和质量安全（X12）的关注程度作为解释变量，同时加入消费者对有机食品的标志的认知情况（X13），检验消费者对商品属性认知对其消费决策行为的影响。

6. 其他影响因素

消费者的购买行为一般较复杂，除上述主要影响因素外，消费者可能会随着消费环境的变化而变化，如促销方式的变化可能会对消费者的决策产生影响。选择促销对鸡蛋购买的影响（X14）变量，进行其他影响因素对消费者决策行为的检验。

表5-10 自变量定义与赋值

变量名称	定义及赋值
被解释变量：	
是否购买"土鸡蛋"Y1	是=1，否=0
是否购买营养强化的鸡蛋Y2	是=1，否=0
是否购买有机鸡蛋Y3	是=1，否=0
是否购买品牌鸡蛋Y4	是=1，否=0
是否购买有农场追溯码鸡蛋Y5	是=1，否=0
解释变量：	
个人特征：	
性别X0	男=0，女=1
年龄X1	25岁及以下=1，26~45岁=2，46~65岁=3，66岁及以上=4
受教育程度X2	小学及以下=1，初中=2，中专/高中=3，大专/本科=4，硕士或博士=5
家庭人口数量X3	2人及以下=1，3人=2，4人=3，5人及以上=4
家庭月收入X4	0~3000=1，3001~5000=2，5001~8000=3，8001~10000=4，10001~20000=5，20001~30000=6，30001~50000=7，50000以上=8
居住地X5	北京=1，四川=2，广东=3，江苏=4
是否有65岁及以上的老人X6	否=0，是=1
是否有12岁以下的儿童X7	否=0，是=1
是否有孕妇X8	否=0，是=1
鸡蛋消费习惯：	
购买鸡蛋的价格区间X9	小于5元/500克=1，5~10元/500克=2，10~20元/500克=3，高于20元/500克=4

续表

变量名称	定义及赋值
对营养价值关注程度X10	完全不关注=1，较不关注=2，一般=3，比较关注=4，非常关注=5
对品牌的关注程度X11	完全不关注=1，较不关注=2，一般=3，比较关注=4，非常关注=5
鸡蛋质量安全认知：	
对质量安全关注程度X12	完全不关注=1，较不关注=2，一般=3，比较关注=4，非常关注=5
对有机食品的标志的认知情况X13	不认识=0，认识=1
其他因素：	
促销对鸡蛋购买的影响X14	无影响=0，偶尔有影响=1，增加购买=2

数据来源：根据调研数据整理。

（二）计量模型

根据高品质鸡蛋具有的不同特征，从鸡蛋品种、功能和营养成分、饲养方式、品牌、溯源机制几个方面对消费者的选择决策行为进行考察。消费者有两种选择：选择购买和不购买。研究设置了5个被解释变量，分别是是否购买"土鸡蛋"Y1、是否购买营养强化的鸡蛋Y2、是否购买有机鸡蛋Y3、是否购买品牌鸡蛋Y4、是否购买有农场追溯码鸡蛋Y5，取值为0和1，当"Y=0"时表示消费者选择不购买，当"Y=1"时表示消费者选择购买。由于因变量是二元离散型变量，为探究影响消费者是否购买高品质鸡蛋的因素，采用二元 Logit 回归模型进行具体的实证研究，模型的数学形式为：$Y=\ln\left(\frac{p}{1-p}\right)=\beta_0+\beta_1x_1+\beta_2x_2+\cdots\beta_nx_n+\varepsilon$ 其中，p 为消费者购买高品质鸡蛋的概率，$\frac{p}{1-p}$ 为消费者购买高品质鸡蛋的概率和选择不购买高品质鸡蛋的概率之比，定义为城镇居民选择购买高品质鸡蛋的机会概率。ε 为随机误差项。x_i 表示上述影响城镇居民对高品质鸡蛋决策的主要因素。需要说明的是，实证模型中为了区分不同地域居民对高品质鸡蛋的消费选择，引入了区域变量（X5）。本模型中，系数 β_i 为自变量 x_i 对消费者高品质鸡蛋购买决策的影响程度。

（三）变量描述

模型中变量的样本数、均值、标准误差、最大值、最小值如表5-11所示。

此次调研对象的基本特征：从性别分布来看，男女比例为49∶51，性别分布差别基本不大。从年龄分布来看，年龄处于26~45岁的消费者占据大多数，占81.46%，主要原因是在通过互联网进行问卷调查时，可能参与调查的消费者多为相对年轻的人群，但是考虑到年龄相对偏小的消费人群可能更加了解或接触过高品质的食品，认为数据具有一定的合理性；从受教育程度分布来看，多数样本居于大专和本科水平，初中及以下分布最少；从月均收入水平来看，样本分布相对较均匀，具有一定的合理性。同时，本次调研人群在地区分布上较为均匀，覆盖了北京、四川、广东、江苏四个区域，其中每个区域采集的样本数量大体相当，具有一定的代表性。

表5-11 变量描述统计

变量	样本数（人）	均值	标准误差	最大值	最小值
性别X0	1041	0.49	0.50	0	1
年龄X1	1041	2.00	0.44	1	4
受教育程度X2	1041	3.98	0.56	1	5
家庭人口数量X3	1041	2.73	0.94	1	4
家庭月收入X4	1041	5.24	1.43	1	8
居住地X5	1041	2.49	1.11	1	4
是否有65岁及以上的老人X6	1041	0.43	0.49	0	1
是否有12岁以下的儿童X7	1041	0.61	0.48	0	1
是否有孕妇X8	1041	0.05	0.22	0	1
购买鸡蛋的价格区间X9	1041	2.37	0.80	1	4
对营养价值关注程度X10	1041	4.11	0.90	1	5
对品牌的关注程度X11	1041	3.25	1.04	1	5
对质量安全关注程度X12	1041	4.48	0.77	1	5
对有机食品的标志的认知情况X13	1041	0.59	0.49	0	1
促销对鸡蛋购买的影响X14	1041	2.35	0.59	1	3

（四）模型结果分析

运用Stata15.0统计软件对各变量进行分析，得到模型回归结果及模型检验，模型在1%的水平通过了检验，表5-12显示了模型各解释变量的回归结果。

表5-12　Logit模型回归结果

变量	是否购买"土鸡蛋"Y1	是否购买营养强化鸡蛋Y2	是否购买有机鸡蛋Y3	是否购买品牌鸡蛋Y4	是否购买有农场追溯码鸡蛋Y5
性别X0	0.0554	−0.0576	−0.0973	−0.181	−0.299**
	(0.28)	(−0.39)	(−0.69)	(−1.20)	(−2.15)
年龄X1	−0.162	−0.171	−0.0269	−0.0278	0.111
	(−0.79)	(−0.99)	(−0.17)	(−0.17)	(0.71)
受教育程度X2	0.0149	−0.153	−0.106	0.108	−0.200
	(0.08)	(−1.10)	(−0.81)	(0.77)	(−1.54)
家庭人口数量X3	0.0552	−0.134	−0.143	−0.174*	0.0882
	(0.47)	(−1.43)	(−1.63)	(−1.87)	(1.02)
家庭月收入X4	0.0471	0.164***	0.211***	0.169***	0.119**
	(0.65)	(2.80)	(3.87)	(2.93)	(2.23)
居住地X5	0.0894	−0.132**	−0.107*	−0.221***	−0.0419
	(0.99)	(−2.02)	(−1.68)	(−3.29)	(−0.67)
是否有65岁及以上的老人X6	0.0995	0.398**	0.374**	0.229	0.110
	(0.45)	(2.42)	(2.38)	(1.38)	(0.72)
是否有12岁以下的儿童X7	0.801***	0.743***	0.649***	0.635***	0.297**
	(3.72)	(4.55)	(4.27)	(3.95)	(1.97)

续表

变量	是否购买"土鸡蛋"Y1	是否购买营养强化鸡蛋Y2	是否购买有机鸡蛋Y3	是否购买品牌鸡蛋Y4	是否购买有农场追溯码鸡蛋Y5
是否有孕妇X8	−0.495	0.416	0.574*	0.813**	0.482
	(−1.13)	(1.29)	(1.66)	(2.25)	(1.51)
购买鸡蛋的价格区间X9	0.280**	0.411***	0.265***	0.184**	0.125
	(2.24)	(4.43)	(2.98)	(1.97)	(1.44)
对营养价值的关注程度X10	0.457***	0.503***	0.235***	0.240**	0.352***
	(4.16)	(4.96)	(2.67)	(2.53)	(3.91)
对品牌的关注程度X11	0.305**	0.505***	0.343***	0.807***	0.444***
	(3.05)	(6.41)	(4.67)	(9.56)	(6.08)
对质量安全的关注程度X12	0.0684	−0.244**	−0.0218	0.00295	0.0937
	(0.56)	(−2.30)	(−0.22)	(0.03)	(0.95)
对有机食品的标志的认知情况X13	−0.0443	−0.0163	−0.0410	0.153	0.147
	(−0.22)	(−0.11)	(−0.29)	(1.02)	(1.05)
促销对鸡蛋购买的影响X14	0.367**	0.351***	0.291**	0.302**	0.124
	(2.23)	(2.87)	(2.47)	(2.42)	(1.07)
_cons	−3.422	−4.715	−3.364	−5.240	−4.249
	(−3.08)	(−5.18)	(−3.98)	(−5.66)	(−4.98)
N	1041	1041	1041	1041	1041

注：***，**，*分别表示在1%、5%、10%的水平上显著。

（ ）括号内为聚类稳健标准误。

分析消费者购买"土鸡蛋"的影响因素，可以看到，

"是否有12岁以下的儿童"在1%的水平上显著，说明有孩子的家庭更倾向于购买"土鸡蛋"；"对营养价值的关注程度"在1%的水平上显著，"对品牌的关注程度"在5%的水平上显著，说明消费者在选购鸡蛋时，对营养价值和品牌越在意，对"土鸡蛋"的购买意愿越强烈；"购买鸡蛋的价格区间"在5%的显著性水平上对"土鸡蛋"的购买行为有正向影响，表明对鸡蛋价格承受能力越高的消费者购买"土鸡蛋"的可能性越大；"促销对鸡蛋购买的影响"在5%的显著性水平上对土鸡蛋的购买行为有正向影响，表明促销活动的增加能够促进人们对土鸡蛋的购买。

分析消费者购买营养强化鸡蛋的影响因素，可以看到，"家庭月收入"在1%的显著性水平上对营养强化鸡蛋的购买行为有正向影响，显示出收入越高的消费者对食品的品质要求越高，对他们认为品质好的食品显示出更好的支付能力和意愿；"是否有12岁以下的儿童"以及"是否有65岁及以上的老人"在1%的水平上显著，说明有老人和孩子的家庭更注重营养的补充，更倾向于购买具有特定功能的营养强化鸡蛋；"购买鸡蛋的价格区间"在1%的显著性水平上对营养强化鸡蛋的购买行为有正向影响，表明对鸡蛋价格承受能力越高的消费者购买营养强化鸡蛋的可能性越大；"对营养价值的关注程度"和"对品牌的关注程度"在1%的水平上显著，说明消费者在选购鸡蛋时，对营养价值和品牌越在意，对营养强化鸡蛋的购买意愿越强烈；"对质量安全的关注程度"在5%的显著水平上通过了检验，显示了消费者对质量安全越关注，对营养强化鸡蛋的需求越强烈；"促销对鸡蛋购买的影响"在1%的显著性水平上对营养鸡蛋的购买行为有正向影响，表明促销活动能够有效促进人们对营养强化鸡蛋的购买。

分析消费者购买有机鸡蛋的影响因素，可以看到，"家庭月收入"在1%的显著性水平上对有机鸡蛋的购买行为有正向影响，表明收入越高的家庭更注重食品的生产方式，对品质更好的食品显示出更好的支付能力和意愿；"是否有12岁以下的儿童"在5%的水平上显著，"是否有65岁及以上的老人"在1%的水平上显著，"是否有孕妇"在10%的水平上显著，说明有老人、孩子和孕妇的家庭更倾向于购买有机鸡蛋；"购买鸡蛋的价格区间"在1%的显著性水平上对有机鸡蛋的购买行为有正向影响，表明对鸡蛋价格承受能力越高的消费者购买有机鸡蛋的可能性越大；"对营养价值的关注程度"及"对品牌的关注程度"在1%的水平上显著，说明消费者在选购鸡蛋时，对营养价值和品牌越在意，对有机鸡蛋的购买意愿越强烈；"促销对鸡蛋购买的影响"在5%的显著性水平上对营养鸡蛋的购买行为有正向影响，表明促销活动也能够有效促进人们对有机鸡蛋的购买。

分析消费者购买品牌鸡蛋的影响因素，可以看到，"家庭月收入"在1%的显著性水平上对品牌鸡蛋的购买行为有正向影响，表明收入越高的家庭更倾向于购买品牌鸡蛋；"是否有12岁以下的儿童"在1%的水平上显著，"是否有孕妇"在5%的水平上显著，说明有孩子和孕妇的家庭更信赖品牌，更倾向于购买品牌鸡蛋；"购买鸡蛋的价格区间"在5%的显著性水平上对品牌鸡蛋的购买行为有正向影响，表明对鸡蛋价格承受能力越高的消费者购买品牌鸡蛋的可能性越大；"对营养价值的关注程度"在5%的水平上显著，"对品牌的关注程度"在1%的水平上显著，说明消费者在选购鸡蛋时，对营养价值和品牌越在意，对品牌鸡蛋的购买意愿越强烈；"促销对鸡蛋购买的影响"在5%的显著性水平上对品牌鸡蛋的购买行为有正向影响，表明促销活动也能够有效促进人们对品牌鸡蛋的购买。

分析消费者购买有农场追溯码鸡蛋的影响因素，可以看到，"家庭月收入"在5%的显著性水平上对溯源鸡蛋的购买行为有正向影响，表明收入越高的家庭更倾向于购买可溯源的鸡蛋；"是否有12岁以下的儿童"在5%的水平上显著，说明有孩子的家庭更倾向于购买可溯源鸡蛋；"对

第五章
高品质禽蛋的发展趋势研究

营养价值的关注程度"和"对品牌的关注程度"在1%的水平上显著,说明消费者在选购鸡蛋时,对营养价值和品牌越在意,对可溯源鸡蛋的购买意愿也越强烈。

对于不同特征下的高品质鸡蛋来说,不论是"土鸡蛋"、营养强化鸡蛋、有机鸡蛋、品牌鸡蛋还是可溯源鸡蛋,性别、年龄、受教育程度、家庭人口这几个因素对消费者的购买行为的影响均不显著,可能原因在于消费者对于高品质鸡蛋的购买意愿不仅取决于以上几个因素,而是个人因素、家庭环境、健康状况、经济条件、近期规划、长期目标等多种因素综合作用的结果。消费者"对有机食品标志的认知情况"对各类高品质鸡蛋的购买没有显著影响,原因可能在于消费者对食品质量安全的了解是通过品牌、舆论、个人经验等多种途径来把握。

综上所述,影响消费者购买高品质鸡蛋的因素主要在于家庭的收入及消费者对高品质鸡蛋的价格承受能力、家庭结构构成、对营养价值的关注程度、对质量安全的关注程度及促销活动的影响。第一,家庭收入水平客观上反映了消费者的支出能力,决定了消费者是否最终会表现出对高品质鸡蛋的购买意愿,家庭收入越高的消费者越倾向于购买高品质的鸡蛋。第二,有老人、孩子、孕妇的家庭通常更注重营养的摄入,这类家庭更倾向于购买高品质鸡蛋。第三，消费者对于营养价值、质量安全的主观认知水平是影响消费者购买决策的关键因素，对产品的营养价值和质量安全的关注程度越高的消费者越倾向于购买高品质鸡蛋。第四，高品质鸡蛋价格相对普通鸡蛋较高，其需求价格弹性比普通鸡蛋大，一定的营销策略和促销活动能有效刺激消费者对高品质鸡蛋的购买。在调查的1041个样本中，目前仍有58.89%左右的消费者没有购买过营养强化鸡蛋，40.92%的消费者没有购买过有机鸡蛋，44.19%的消费者没有购买过品牌鸡蛋，48.99%的消费者没有购买过可溯源的鸡蛋，家庭收入是影响高品质鸡蛋购买的限制因素，说明具有上述特征的高品质鸡蛋在经济较为发达的地区还是有很大潜力的。

随着居民收入水平的提高和健康意识的崛起，我国消费者越来越追求安全、生态、优质的农产品，未来农产品的发展要牢牢把握这一市场需求趋势，挖掘内在消费潜力。因此，高品质鸡蛋生产企业在进行产品生产时，一是要保证鸡蛋的品质及质量安全，严格按照技术标准与实施要求，实现鸡蛋生产、流通、仓储、零售环节的质量安全控制，尤其是养殖环节的质量管理，做到全程可追溯，树立消费者对高品质鸡蛋的消费信心。二是加大对高品质鸡蛋的宣传力度，促进优质鸡蛋的推广，可以通过媒体广告以及新型媒体加强对高品质鸡蛋营养知识的宣传，让消费者充分认可和了解不同类型高品质鸡蛋的功能及作用，综合利用口碑营销、体验营销等多种营销手段。同时，在市场推广时可以先从高收入阶层和高等教育人群开始，再逐步全面推广。三是可以通过营销策略和促销手段适当降低高品质鸡蛋的价格以鼓励消费者进行尝试购买，逐步引导消费者提高其品牌鸡蛋溢价支付意愿，充分利用展销平台，在企业产品营销中注入流行与时尚的概念，引领消费，把高品质鸡蛋推向时尚前沿，拓宽销售渠道。

六、高品质鸡蛋发展面临的问题与约束

（一）高品质鸡蛋产业发展尚在初级阶段

目前，高品质鸡蛋产业发展势头迅速，但产业整体仍处于初级阶段，高品质鸡蛋消费市场体系较为杂乱、市场尚未做细分，高品质鸡蛋开发多元化、差异化力度仍然不够，尤其是缺少高品质鸡蛋的精深加工产品，没能够充分利用高品质鸡蛋的优良指标开发出附加值更高的新产品。高品质鸡蛋产业发展力度不足主要表现为：一是高品质鸡蛋产品精深加工不足。市场上的高品质鸡蛋产品主要以鲜蛋为主，没有利用高品质鸡蛋的品质特性开发出溢价程度

较高的产品，产品深加工程度不够，相关加工技术还需要深入研究和创新。二是缺乏对高品质鸡蛋消费市场的深入研究，特别是对目标人群的消费偏好、消费行为、价格接受区间等缺乏调查研究，对满足特定人群需求的高品质鸡蛋市场细分得还不完善，优质化、特色化、功能化、深加工禽蛋生产从数量、结构与品质上与居民消费需求相匹配的研究还要深入。

（二）高品质鸡蛋市场品牌培育尚未成熟

由于多数蛋鸡企业以养殖为主，缺乏对于鸡蛋终端消费市场的了解，特别是缺乏对目标消费人群的消费偏好、消费行为、价格接受区间等方面的调查研究，导致企业无法有效做好产品开发和定位，其产品不具备特色优势和价格优势，产销不能有效对接，销售市场不能得到长期保障，严重制约着我国高品质鸡蛋产业品牌培育。据估计，全国80%以上的养殖场（户）没有建立自己的品牌鸡蛋；大部分无品牌鸡蛋在市场上同场竞技、无序竞争，甚至出现"劣币驱逐良币"的现象，不利于行业健康发展。虽然市场上出现了一批有一定影响力和知名度的高品质鸡蛋品牌，但多数蛋鸡企业品牌意识不强，对于产品包装和精深开发所带来的宣传引导以及市场开发缺乏主观能动性。另外，由于部分高品质蛋鸡企业尚未能形成规模化养殖，高品质鸡蛋的整体市场份额较少，未能形成品牌效应。因为缺乏品牌效应，加上缺乏相关标准，公众对其认可度有待提高，不能从根本上实现高品质鸡蛋优质优价，极大程度地制约了我国高品质鸡蛋产业链的长期可持续发展。

（三）高品质鸡蛋识别的认证体系尚未完善

高品质鸡蛋识别和认证体系尚未建立是制约高品质鸡蛋产业健康、快速发展的瓶颈之一。目前，我国对高品质鸡蛋的定义还缺乏国家标准，高品质鸡蛋的识别体系、评价体系和认证体系都缺乏技术或没有确定相应指标。高品质鸡蛋生产所涉及的环节标准尚未出台，如具体养殖标准规范、饲料配比推荐标准、蛋质评判实施规范及包装标识标准等。高品质鸡蛋产业体系标准的缺失给了不良商家投机取巧的机会，市场上各种打着有机蛋、功能蛋招牌的鸡蛋产品层出不穷、鱼龙混杂。这类鸡蛋存在以次充好、漫天要价的行为，严重扰乱了整个高品质鸡蛋市场的价格体系和质量体系。更有甚者，利用各种虚假宣传和噱头夸大高品质鸡蛋的功效和营养价值，误导消费者。长此以往，刚刚培育出的高品质鸡蛋市场必将受到冲击，势必影响整个产业的健康、快速发展。

(四)高品质鸡蛋的标准体系需要健全

随着我国社会主要矛盾转化为人民日益增长的美好生活需要和不平衡不充分的发展之间的矛盾,公众对农产品的关注点已经从数量、安全逐渐转移到加工品质、感官品质,再到营养成分及特征功能成分上。目前我国禽蛋产业转型升级的制约因素主要是高品质鸡蛋的标准体系建设。目前,美国、加拿大、欧盟、英国等发达国家和地区都有较为科学齐全的鸡蛋分等分级法规和标准体系。与之相比,我国新鲜鸡蛋分等分级研究和标准体系研究还处于起步阶段,突出表现在新鲜鸡蛋分等分级的法规不健全、标准不唯一、技术规范少和操作方法乱等,高品质鸡蛋的相关标准尚未建立。未来迫切需要完善相关标准体系的研究,进一步完善法规体系,细化分级标准,规范检验技术,从而满足百姓消费多元化需求和提升产业市场竞争力。

七、推动高品质鸡蛋产业发展的对策措施

(一)加强营养导向,尽快建立健全高品质鸡蛋评价标准体系

一是应尽快推动高品质鸡蛋评价标准工作,明确高

品质鸡蛋的定义、分类、特征、功能等，通过标准的制定、标识的分类、品质的认证，建立高品质鸡蛋禽蛋评价体系。二是加强高品质鸡蛋产品生产、加工、消费、营养一体化研究，将营养品质指标纳入优质农产品标识范畴。三是加快研发流通、加工环节中的营养品质保持或增进技术，建立以营养和品质为导向的食物安全评价系统。四是以鸡蛋分等分级标准体系为基础，综合考虑引导居民科学消费和促进产业转型升级，设计完成相关高品质鸡蛋标签和标识，建立高品质鸡蛋等级评定方法，构建全国高品质鸡蛋认证体系。

（二）优化产品结构，努力提升高品质鸡蛋品牌建设

一是优化高品质鸡蛋产品结构。必须在研究市场的基础上，善于抓住市场和技术两个环节，做好新产品、新工艺、新市场的研究和开发。保留传统的、独具风味的加工种类，继承传统的加工工艺，生产出质量安全高、营养价值高、附加值高、适应市场的高品质鸡蛋产品。增强蛋黄粉、蛋清粉等产品类型，改进保鲜、包装及运销手段，努力扩大蛋品的运销距离和范围，不断满足居民禽蛋消费升级需求。二是努力提升高品质鸡蛋品牌建设。因地制宜加快品牌化建设，既可建立自有品牌，也可通过同业或异

业联合形成区域性品牌。针对不同消费群体，供给绿色、有机鸡蛋或富硒蛋等特色蛋，满足市场差异化需求。加快蛋品深加工技术研发，提高产品附加值。蛋品加工企业要提升规模化、标准化和品牌化，建立高效集约化的产销体系，满足市场需求。

（三）开展消费调研，加强高品质鸡蛋营养消费引导

一是全面普及膳食营养和健康知识，鼓励科学合理消费、反对浪费，构建鼓励减量、营养、健康、绿色消费的制度体系，从消费端撬动高品质禽蛋市场。二是通过加强消费引导研究，掌握各类鸡蛋目标消费人群的社会经济特征、个体特征、区域特征、家庭结构特征等信息，细分消费引导方案。三是加大对鸡蛋作为一种优质蛋白质来源的宣传力度，助力消费者认识鸡蛋及其制品的营养价值，以增强消费者的消费意愿。

（四）加强科学研究，推动高品质鸡蛋产业健康发展

一是开展高品质鸡蛋育种、养殖、生物强化、加工、标准标识相关技术的研究，提高高品质鸡蛋的生产效率和产业链价值；结合市场研究数据，开发出适合不同年龄段人群、不同慢性病人群、不同消费水平人群的高品质鸡

第五章
高品质禽蛋的发展趋势研究

蛋，满足不同人群多元化消费需求。二是推进物联网、大数据、移动互联网等新一代信息技术在高品质鸡蛋全产业链的集成应用，挖掘高品质鸡蛋供销信息，促进产销精准匹配，促进产业提质增效，推动高品质蛋鸡产业高质量发展。

第六章

中长期禽蛋保障供给研究

一、禽蛋供需保障存在的问题与制约因素

（一）禽蛋在居民营养改善中的重要作用未完全发挥

一是我国居民膳食优质蛋白质摄入不足。根据《中国居民营养与健康状况监测2010—2013年综合报告》，我国居民优质蛋白质摄入的比例为36.1%，离《中国居民膳食指南（2022）》推荐的每日摄入的蛋白质应有二分之一以上优质蛋白质仍有一定差距。从三大营养素的供能比来看，目前蛋白质的供能比为12.1%，离《中国居民膳食指南（2022）》推荐15%供能的上限还有提升空间。二是我国居民脂肪供能比例偏高。目前，我国城乡居民脂肪供能比为32.9%，其中大城镇居民脂肪供能比为37%，超过了《中国居民膳食指南（2022）》的30%上限。三是禽蛋可作为改善居民营养的重要抓手。结合我国居民动物性产品消费结构和动物性产品的营养价值来说，满足我国居民蛋白质

第六章
中长期禽蛋保障供给研究

需求和避免脂肪摄入过多的平衡膳食措施应该注重适量增加禽蛋、水产品和奶类消费，减少畜肉摄入量，动物性产品主要营养素含量见表6-1。此外，禽蛋蛋白质的营养价值高，优于其他动物性蛋白质，蛋黄中的脂肪组成以单不饱和脂肪酸为主，磷脂含量也较高，可作为改善居民营养的重要抓手。一直以来，我国禽蛋的产量和消费量数据之间差距很大，生产和消费不匹配，这严重制约了禽蛋供需保障。因此，在对我国禽蛋供需保障进行研究时，就必须摸清禽蛋从生产到消费之间的具体情况。因此，应加强禽蛋全产业链研究，摸清从生产到消费之间的损耗、浪费等系数，为禽蛋供需平衡研究提供基础。

表6-1 动物性产品主要营养素含量

每100克	猪肉	牛肉	羊肉	禽肉	水产品	禽蛋
能量（千卡）	342.20	125.00	203.00	219.33	93.00	144.00
蛋白质（克）	14.93	19.90	19.00	17.57	15.90	13.30
脂肪（克）	30.92	4.20	14.10	16.33	0.90	8.80
碳水化合物（克）	1.05	2.00	0.00	0.50	2.77	2.80
钙（毫克）	5.10	3.00	6.00	6.33	223.00	56.00
铁（毫克）	2.40	3.30	2.30	2.47	1.80	2.00
胆固醇（毫克）	89.40	84.00	92.00	91.33	119.00	585.00

（二）禽蛋产品结构过于单一

禽蛋作为一种性价比较高的蛋白质来源，为保障我国居民蛋白质需求作出了重要贡献，成为我国城乡居民饮食结构的重要组成部分。受传统消费习惯的影响以及受限于我国蛋品加工水平，目前我国城乡居民的鸡蛋消费主要以鲜蛋消费为主，约占禽蛋总量的85%。随着消费者日益关注鸡蛋的营养价值，居民对初加工蛋、深加工蛋和高品质蛋品的需求将不断提高。目前，我国蛋品加工水平低下制约着我国鸡蛋消费市场规模的扩大和挖掘。随着居民健康意识的增强和消费水平的提升，营养强化蛋、功能性蛋、高品质蛋研究和生产还不足，禽蛋供给结构还较单一，难以满足居民日益增长的消费需求。

二、禽蛋发展趋势与潜力

2018年8月以来，非洲猪瘟对我国猪肉产品消费及居民优质蛋白质的来源产生重大影响。2019年8月的第二周，猪肉价格同比上涨53.8%，根据价格弹性可以预测，猪肉消费量同期将减少30.3%。以此类推，如2019年底猪肉价格上涨70%，届时猪肉消费量将同比减少39.4%，在保持其他食物消费量不变的情况下，人均每日能量摄入减少约113.4千卡，蛋白质、脂肪摄入分别减少5.0克、10.2克。从全国居民营养监测数据分析，我国居民普遍存在脂肪摄入过多的问题，但蛋白质尤其是优质蛋白质摄入基本平衡。从改善居民营养结构的角度分析，调整动物产品消费结构的重点是维持蛋白质摄入量，同时减少脂肪摄入量。禽蛋作为氨基酸模式最符合人体需求的蛋白质来源，在蛋白质替代中发挥重要的作用。

食物消费具有替代性，这种替代尤其发生在营养功能接近的食物之间。随着猪肉相对价格进一步提升，减少的猪肉消费会在一定程度上由禽肉、牛羊肉、水产品或禽蛋产品来补充。以保持动物性蛋白质摄入不变为前提，我们可从经济、资源和营养三个维度分析，未来猪肉价格上涨70%后，猪肉与禽蛋的蛋白质替代关系。

（一）经济视角

以2019年8月零售价格为基础，未来猪肉价格上涨后，猪肉消费缺口由禽蛋替代，禽蛋可节约69.4%的消费支出。以2018年恩格尔系数计算，以禽蛋替代，恩格尔系数则可降低1.3个百分点。若要维持人民生活水平不下降，减少的猪肉消费支出可用于购买鸡蛋，则可购买量超过猪肉消费量的216.3%（见表6-2）。

表6-2 猪肉价格上涨70%后动物性食物经济替代分析

种类	表观消费替代量（千克）	损耗率（%）	价格（元）	等量蛋白质摄入消费支出（元）	等额支出替换量（千克）
猪肉	-16.1	4.36	32.4	-499.9	—
禽蛋	17.3	10.00	9.8	153.1	51.0

数据来源：由课题组测算。

（二）资源视角

从饲料需求角度分析，综合考虑屠宰率和料肉比，若猪肉消费缺口由禽蛋替代，则平均一年可节约饲料43.6千克（见表6-3）。

表6-3 猪肉价格上涨70%后动物性食物资源替代分析

种类	表观消费替代量（千克）	屠宰率（%）	料肉比	饲料需求量（千克）
猪肉	-16.1	71.41	3.6	-81.2
禽蛋	17.3	100.00	2.2	37.6

数据来源：由课题组测算。

（三）营养视角

从营养角度分析，若猪肉消费减少形成的动物蛋白质缺口由禽蛋替代，人均每日需要禽蛋47.5克，即每日需要约1枚鸡蛋来填补猪肉消费的减少量（见表6-4）。

表6-4 猪肉价格上涨70%后动物性食物营养替代分析

种类	100克食物蛋白质含量（克）	可食率（%）	损耗率（%）	单位蛋白质供给表观消费量（克）	蛋白质供给表观消费量系数	年均消费替代量（千克/年）	日均消费替代量（克/日）
猪肉	14.9	78.5	4.4	8.9	1.00	−16.1	—
禽蛋	13.3	87.0	10.0	9.6	1.08	17.3	47.5

数据来源：由课题组测算。

综上所述，在维持蛋白质摄入水平不变、消费支出不增加的前提下，若用禽蛋代替猪肉，居民人均每日热量摄入减少58.4千卡，脂肪摄入减少56.9克，脂肪供能比分别下降2.6个百分点，每年节约饲料43.6千克。

三、禽蛋发展需求预测分析

（一）禽蛋消费峰值的判断

目前，我国人均GDP已超过1万美元，居民食物消费模式已相对稳定。考虑膳食模式的相似性，日本、新加坡人均禽蛋消费数量对我国禽蛋消费趋势判断具有参考价值。日本、新加坡在人均GDP 1万～1.5万美元时人均禽蛋消费量达到峰值，并长期分别稳定在18千克、15千克峰值。2019年，我国城乡居民人均禽蛋消费量为23.6千克/年，已高于日本、新加坡峰值消费量。未来10年，我国经济增速将保持在6%～7%，以此推算，按当年汇率计，2025年我国人均GDP将达到1.5万美元。依据我国禽蛋消费历史规律推测，2025年时我国全年人均禽蛋消费量到达峰值24千克。

（二）2035年禽蛋消费需求预测

总结分析我国禽蛋消费历史变化特征，借鉴日本、新加坡同等经济发展阶段的人均动物产品消费变化，总体判断，未来我国人均禽蛋消费量将趋于稳定。目前，我国人均禽蛋消费量已接近世界平均水平的2倍，明显超过上述两个亚洲国家在人均GDP 1.5万美元时的消费量，而且近10年来人均消费量较为稳定。为此可以推定我国人均禽蛋消费量将在2025年达到24千克峰值并长期处于稳定状态。

根据联合国人口预测，2030年和2035年我国人口分别达到14.5亿人（峰值）和14.1亿人。本研究在对人均禽蛋消费量进行预测的基础上，结合上述人口总量的判断分析，预测2035年我国禽蛋消费总量是3499万吨，人均禽蛋消费量是24千克/年（见表6-5）。

表6-5　2025年、2035年人均禽蛋消费量预测表

种类	2009—2018年人均消费量	2019年人均消费量	2020—2025年人均增量	2025年人均消费量	2035年人均消费量
禽蛋（千克/年）	22.30	23.60	0.08	24.00	24.00

（三）2035年禽蛋营养需求预测

满足营养需求是禽蛋消费的最终目标，因此，从营养需求角度预测2035年禽蛋消费量十分必要。《中国居民膳食指南（2022）》提出的每日禽蛋推荐摄入量是禽蛋消费量预测的基础依据。首先，根据《中国居民膳食指南（2022）》确定不同性别、不同年龄组人群禽蛋推荐摄入量。其次，依据联合国2035年人口结构，分年龄段、分性别，加权计算2035年我国居民禽蛋总营养需求量。再次，依据美国食物与营养委员会研究结论，人群营养需求属正态分布，保证97.5%以上的群体达到营养摄取标准，实际需要的人均消费量则为推荐摄入量加其2个标准差水平。最后，考虑禽蛋流通、加工等环节损耗系数和可食比例，预测2035年我国禽蛋需求量为3252万吨，人均消费量为22.3千克/年（见表6-6）。

表6-6 我国不同年龄段禽蛋推荐摄入量

年龄（岁）	男士摄入量[克/（人·天）]	女士摄入量[克/（人·天）]	2030年人口数（男，万人）	2030年人口数（女，万人）
0～4	25	20	3604.7	3195.8
5～9	25	25	3891.9	3421.0
10～14	50	40	4304.0	3750.8
15～19	50	50	4576.5	3952.2
20～24	50	40	4389.3	3760.4
25～29	50	40	4159.0	3600.0
30～34	50	40	4214.5	3719.0
35～39	50	40	5237.6	4719.1
40～44	50	40	6582.1	6172.9
45～49	50	40	5124.9	4874.0
50～54	50	40	4771.3	4565.3
55～59	50	40	5782.3	5587.4
60～64	50	40	5801.1	5770.7
65～69	50	40	4479.5	4504.0
70～74	50	40	3085.9	3233.9
75～79	50	40	2432.7	2770.0
80～84	50	25	1119.0	1415.7
85～89	50	25	448.9	607.6
90～94	50	25	150.9	235.6
95岁以上	50	25	35.2	71.5

数据来源：《中国居民膳食指南（2016）》和《世界人口展望2022》。

四、禽蛋供给保障实现路径分析

(一) 明确禽蛋发展战略,科学规划禽蛋发展实现路径

为确保实现紧平衡形势下禽蛋供求调控任务,必须以"保障供给、转型升级"为调控方向,坚持"市场调节为主,政府调控为辅"的调控原则,实现禽蛋供求产销平衡和营养均衡双战略平衡。一是加强顶层设计,完善禽蛋产业扶持政策,扶持方向由鼓励增产向提升质量、提供营养调整。大幅提高优质化、特色化、功能化、深加工蛋品比重,确保禽蛋生产从数量、结构和品质上与需求相匹配。二是要充分认识消费升级和资源约束对禽蛋产品的刚性需求,建立与需求、进出口、损耗相挂钩的自给率目标体系,通过调产量、调结构,确保国内生产从数量与结构上符合消费升级和营养均衡需求,提高国内禽蛋供给效率与产品质量。

(二) 加强产业联动,注重政策引导禽蛋产业发展

一是促进禽蛋产业与二、三产业联动发展。以禽蛋产业为基本依托,通过产业联动、机制创新等方式,将资本、技术以及资源要素进行跨界集约化配置,使禽蛋生产

与加工销售、餐饮休闲以及其他服务业紧密相连、协同发展。重点发展观光牧业，发展"互联网+禽蛋"产业。二是重点支持龙头企业发挥带动作用。大力培育实力雄厚、带动能力强的龙头企业，积极支持种养结合家庭农场，提升产业规模化程度和组织化程度，构建企业和农户利益共享机制，强化禽蛋经营体系。鼓励发展品牌蛋业、绿色蛋业、订单蛋业，提升蛋产品质量，提高蛋产业经济效益。

（三）重视创新发展，发挥禽蛋市场需求导向作用

一是坚持企业创新主体。企业与市场离得最近，对市场需求、技术发展最为敏感，是实现产业升级、业态创新的具体实施者。要将政府"要我创新"转化为企业"我要创新"，增强企业的创新意愿和创新能力，充分激发企业的创新动力。二是坚持市场需求导向。要结合供给侧结构性改革，充分发挥市场在资源配置中的决定性作用。加强消费市场调研，完善居民禽蛋消费行为和消费升级需求，根据市场需求，加强禽蛋产品生产，满足人民对美好生活的需求。

（四）加快转型升级，培育提升禽蛋品牌

禽蛋保障供给要求在重视数量的同时，更加注重品

质和质量安全，提高优质蛋品比重。引导禽蛋产业加快向绿色化、优质化、特色化、品牌化发展，以满足消费者对口感更优、品质更优、营养更均衡、特色更鲜明产品的需求，有效满足消费者对个性化、多样化、高品质的蛋品消费需求。通过家庭农场、生态农庄、订单农业等形式，深入挖掘"儿时的味道""妈妈的味道"，培育"叶酸鸡蛋""ω-3多不饱和脂肪酸鸡蛋"等优质蛋品，发掘品质优势和营养价值，创建特色品牌，提升产业链价值。

五、禽蛋供给保障重点任务分析

中国是禽蛋生产和消费大国，禽蛋的安全和营养关系到居民健康福祉。

（一）新鲜鸡蛋分等分级指标体系建立研究

新鲜鸡蛋分等分级指标体系主要考虑蛋品外部质量指标、内部质量指标和营养指标。外部质量指标主要包括清洁度、蛋壳色泽、形状和破损等。内部质量指标主要包括气室高度、蛋黄状态、蛋白状态、哈氏单位、胚珠或胚胎情况和异物情况等几项指标。营养指标主要包括蛋白质、脂肪、胆固醇、不饱和脂肪酸含量、ω-3系列含量，及特殊营养成分（如富硒）。在建立新鲜鸡蛋分等分级指标体系的基础上，对新鲜鸡蛋开展分等分级研究。综合考虑鲜蛋品质、重量规格、感官特征、营养成分等指标，建立新鲜鸡蛋分等分级基准值，并以此为标准对新鲜鸡蛋进行分等分级推荐，拟设立特色级、A级、B级、C级等四个等级。

（二）新鲜鸡蛋分等分级认证体系建立研究

以新鲜鸡蛋分等分级标准体系为基础，综合考虑引导居民科学消费和促进产业转型升级，设计完成相关新鲜鸡蛋等级标签和标识，为新鲜鸡蛋等级评定提供认证有效路径，构建全国新鲜鸡蛋认证体系（见图6-1）。

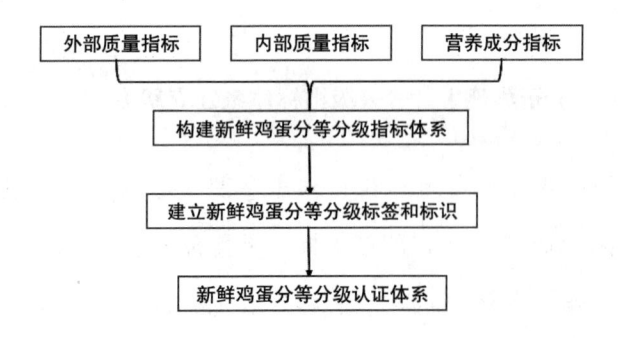

图6-1 新鲜鸡蛋分等分级体系建设技术路线图

六、禽蛋供给保障措施与政策建议

（一）加强顶层设计，出台相关支持政策推动蛋业转型升级

立足当前，着眼长远，整体布局谋划行业发展。科学规划和布局各禽蛋的生产，因地制宜调整产业结构。加大产业体系整体谋划，着眼推进产业链、价值链建设，加大对第一产业的扶持力度，实现"一产强、二产优、三产活"，提高禽蛋业整体综合效益、竞争能力、经济效益、生态效益和社会效益，进一步促进禽蛋业转型升级，增加行业发展在社会和市场竞争中的抗冲击、抗风险能力。

（二）加强营养导向，尽快建立健全优质蛋品评价体系

一是应尽快起草优质禽蛋评价国家标准，明确优质禽蛋定义，通过标准的制定、标识的分类、品质的认证，建立优质禽蛋评价体系。二是加强对企业和市场的监管，把好质量安全关、严守产品品牌品质，加强品牌推广。三是加强优质禽蛋产品生产、加工、消费、营养一体化研究，将营养品质指标纳入优质农产品标示范畴。四是加快研发

流通、加工环节中的营养品质保持或增进技术，建立以营养和品质为导向的食物安全评价系统。

（三）加强信息建设，建立禽蛋产销有机衔接机制

一是建立禽蛋生产、加工、流通、消费一体化统计监测体系。目前，我国禽蛋生产、加工、流通、消费分别由不同主导部门负责统计监测，产品统计标准不一，数据之间难以协调。建议借鉴日本、美国的做法，建立统一由农业部门为主导的禽蛋生产、加工、流通、消费数据监测体系，拟订并实施相关调查项目、统计标准和调查方法，并定期发布统计信息，编制公布符合国情、与国际接轨的禽蛋供求平衡表，对禽蛋的生产、加工与消费进行预警、监测。二是加强禽蛋产业链各环节的信息监测与分享，引导市场流通，促进产区与销区构建稳定的对接关系。

（四）开展消费调研，加强禽蛋营养消费引导

一是全面普及膳食营养和健康知识，鼓励科学合理的消费，反对浪费，构建鼓励减量、营养、健康、绿色消费的制度体系，从消费端撬动优质禽蛋市场。二是通过加强消费引导研究，掌握各类禽蛋目标消费人群的社会经济特征、个体特征、区域特征、家庭结构特征等信息，细分消

费引导方案。三是加大对鸡蛋作为一种优质蛋白质来源的宣传力度,助力消费者认识鸡蛋及其制品的营养价值,以增强消费者的消费意愿。

(五)加强科技创新,发展"互联网+禽蛋"模式

一是制定支持禽蛋产业发展政策,调动科技工作者的积极性,将普及禽蛋产业科技知识、装备产业设备作为第一要务。用现代物质装备武装畜牧产业,用现代科学技术服务畜牧产业,用现代生产方式改造畜牧产业,增强生产和抗风险能力。二是企业自身要充分利用"互联网+禽蛋"模式在养殖管理、市场经营、消费流通等环节实现精细化、智能化、创新化发展,多措并举推动生鲜电商平台的发展与建设,促进禽蛋传统营销和现代营销相融合,着力解决运输"最后一公里"问题。

(六)优化产品结构,努力促进蛋品精深加工

蛋制品加工企业必须在研究市场的基础上,善于抓住市场和技术两个环节,做好新产品、新工艺、新市场的研究和开发。要保留传统的、独具风味的加工种类,继承传统的加工工艺,生产出质量安全高、营养价值高、附加值高、适应市场的产品。改进蛋品加工特色的蛋制品,如皮蛋、咸蛋等，还要增强蛋黄粉、蛋清粉等产品加工工艺研发，改进保鲜、包装及运销手段，努力扩大蛋品的运销距离和范围，不断满足居民禽蛋消费升级需求。